영어회화 필수표현 1500

CHRIS SUH

MENT☉RS

영어회화 필수표현 1500

2025년 01월 13일 인쇄
2025년 01월 20일 발행

지 은 이 Chris Suh
발 행 인 Chris Suh
발 행 처 **MENT⊙RS**
경기도 성남시 분당구 황새울로 335번길 10 598
TEL 031-604-0025 FAX 031-696-5221
mentors.co.kr
blog.naver.com/mentorsbook
* Play 스토어 및 App 스토어에서 '멘토스북' 검색해 어플다운받기!
등록일자 2005년 7월 27일
등록번호 제 2009-000027호
I S B N 979-11-94467-35-9
가   격 20,000원(MP3 무료다운로드)

Preface

해도해도 안되는 영어회화!

영어 참 해도해도 안된다. 영어를 유창하게 말하는 Native를 보면 부러운 게 사실이다. 하지만 Native들이 그런 경지에 오르기까지 영어에 투자한 시간을 생각하면 사실 우리가 Native만큼 영어를 못한다고 기죽을 필요는 없다. 태어나면서부터 자는 시간을 빼고는 거의 모든 시간을 리스닝과 스피킹에 투자했으니까 말이다. 물론 이건 영어를 어느 정도 말하는 사람의 경우이고, 10년 넘게 영어했는데 아직 말 한 마디 못한다면, 어색한 침묵과 영작시간을 다 포함해서도 아직 Native와 단 1분도 넘기지 못한다면 경우가 다르다.

그럼 어떻게 영어를 말해야 할까?

그렇다면 어떻게 해야 해도해도 안 되는 영어의 말문을 틀 수 있을까? 다 늙어버린 이제 와서 Native들이 처음 영어를 배우듯 배울 수도 없고 또 영어공부 작심 한 달, 아니 한 주를 넘기지 못하는 사람의 전매 특허인 "문법부터 하겠다"라는 '나쁜 각오'를 또 반복할 수도 없지 않은가. 그럼 어떻게 영어를 말해야 하는 걸까? 어떻게 영어회화문장을 만들어야 하는 걸까? 어차피 뒤늦게 외국어를 배우는 입장에서는 자연적으로 습득한 Native와는 달리 논리적이고 조직적으로 접근할 수 밖에 없다.

영어문장의 기본원리와 기본표현들

영어문장의 기본원리를 이론적으로 파악해야 한다는 말이다. 다시 말해 영어문장에서 유형화할 수 있는 패턴을 기계적으로 외우고 이에 살을 붙여 완전한 문장을 만들 수 있는 기본표현들을 왕창 습득해야 한다. 아쉽지만 Native들이 일상에서 수없는 반복을 통해 감각적으로 몸에 익힌 것을 우리는 책상에 앉아 수학공부하듯 이해와 암기를 통해 영어문장을 하나하나 조립해야 한다. 물론 이런 조립과정을 여러 번 하다보면 우리도 조금씩 자연스러워지는 건 사실이다. 이 책은 이런 기본표현들을 집중적으로 모아 해설강의까지 제공함으로써 기본표현의 핵을 확실하게 머릿속에서 기억해두도록 하였다.

기본표현 1000개만 알아도 영어가 쉬어져~

《영어회화 기본표현 1000개만 알면 영어회화가 무지무지 쉬워진다》는 이런 관점에서 네이티브들이 시도때도 없이 쓰는 기본표현들 1000개를 수록하였다. 그중에서는 give out, turn out, put together처럼 동사구도 있지만, at the same time, all the time 등 시간과 장소를 나타내는 빈출 부사구도 함께 수록되어 있다. 멘토스가 이미 출간한 많은 패턴책의 패턴들에 여기서 학습한 기본표현들을 대입하여 다양한 문장을 만들다보면 영어문장이 하나둘씩 만들어지게 되고 그렇게 연습에 연습을 하면 자신도 모르게 네이티브들처럼 쉬운 단어들로 영어회화가 되는 자신을 발견하게 될 것이다.

3

특징

1. 네이티브들이 즐겨 쓰는 **영어회화 기본표현 1000개**를 수록하였다.

2. 써니쌤의 톡톡 튀는 강의로 각 표현의 개념과 영작문제를 함께 풀어나감으로써 혼자 하기 어려운 그리고 끊기 있게 계속하기 어려운 영어회화공부의 확실하고도 명쾌한 길잡이가 될 줄 것이다.

3. 모든 영문은 **네이티브의 녹음**이 들어있어 실감나게 역동적으로 학습할 수 있다.

구성

1. **수록표현** : 전체적으로 가장 많이 쓰이는 기본 표현 1,000개가

2. Chapter 1~7 : 난이도 및 사용빈도수에 따라 Chapter 1~7까지 총 7개의 Chapter에 수록되어 있다.

3. **대표 엔트리표현** : 각 페이지에는 대표 엔트리 표현과 설명, 그리고 이와 관련된 응용표현을 POINT라는 항목에 정리하였다.

4. Speak Like This : 각 표현을 이용하여 직접 문장을 만들어보고, 또한 실감나는 다이알로그 를 수록하였다.

5. Get More : 또한 엔트리 표현과 유사한 의미의 표현들을 함께 묶어서 쉽게 이해하고 암기할 수 있도록 하였다.

6. **테스트** : 각 Chapter 마지막에 두페이지에 걸쳐 배운 표현들을 대화 속에서 생각하여 맞춰보 는 Check Yourself Again!란 공간을 마련하여 제대로 공부하지 않고서는 다음 Chapter 으로 도망갈 수 없도록 사전차단하였다.

7. Supplement에는 아쉽게 탈락했지만 그래도 자주 쓰이는 추가 표현들을 수록하였다.

이 책을 어떻게 봐야 할까?

대표 엔트리 : 대표 엔트리 및 엔트리의 우리말 뜻.

총 276개 대표엔트리의 순서로 Chapter에 상관없이 1부터 276까지 쭈~욱 기록하였다.

써니샘의 친절한 설명과 핵심 Point 수록

Speak Like This!
우리말과 옆에 보이는 영어힌트를 보조삼아 직접 영어로 문장을 만들어보는 공간. 여기에 그치지 말고 걸어다니면서 혹은 전철안에서 멍하니 있지 말고 배운 기본표현을 갖고 여러 다양한 문장을 만들어보는 자가훈련을 한다.

Get More
대표 엔트리와 비슷한 표현이거나 관련표현 등을 함께 수록함으로써 비교하면서 한번에 여러 표현을 배울 수 있게 된다.

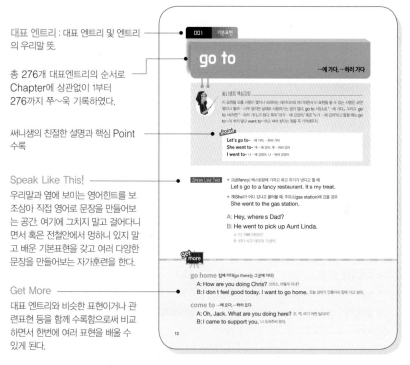

Check Yourself Again!
각 Chapter가 끝난 다음에 얼마나 제대로 학습을 했는지 확인해보는 공간으로 ABAB의 대화 속에 빈 공간을 채워보는 테스트이다. 앞뒤 문장을 살펴보고 또한 양쪽의 단어들을 힌트 삼아 정답을 보지 말고 직접 풀어봐야 한다.

Supplement
Chapter에는 아쉽게 빠졌지만 알아두면 좋은 기타 표현들과 다이알로그를 수록하였다.

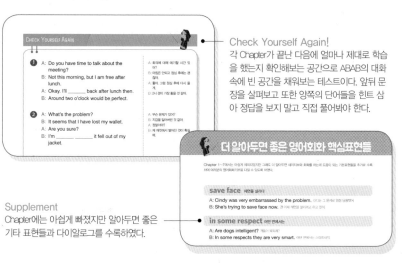

Contents

03 왜 안썼나 후회되는 표현들((064-112)   081

06 감히 써볼 생각을 못해본 표현들(203-243)

넘 쉽다고
무시하는 표현들

I guess we'll have to star over again.

Chapter

1

001-028

Would you like to go out to lunch with me?

I'm not sure about the weather tomorrow.

I don't know when he will come back.

go to

···에 가다, ···하러 가다

써니쌤의 핵심강의

이 표현을 모를 사람이 몇이나 되랴마는 네이티브와 얘기하면서 이 표현을 쓸 수 있는 사람은 과연 몇이나 될까···. 너무 쉽지만 실제로 사용하기는 쉽지 않다. go to +장소로 「···에 가다」 그리고 go to +V하면 「···하러 가다」가 된다. 특히 "내가 ···에 갔었어," 혹은 "누가 ···에 갔어"라고 말할 때는 go to~라 하지 말고 went to~라고 써야 된다는 점을 꼭 기억해두자.

Point

Let's go to~ ···에 가자, ···하러 가자
She went to~ 걔 ···에 갔어, 걔 ···하러 갔어
I went to~ 나 ···에 갔었어, 나 ···하러 갔었어

SPEAK LIKE THIS

● 고급(fancy) 레스토랑에 가자고 하고 자기가 낸다고 할 때
Let's **go to** a fancy restaurant. It's my treat.

● 걔(She)가 어디 갔냐고 물어볼 때, 주유소(gas station)에 갔을 경우
She **went to** the gas station.

A: Hey, where's Dad?
B: He **went to** pick up Aunt Linda.
  A: 야, 아빠 어딨어?
  B: 린다 숙모 태우러 가셨어.

get more

go home 집에 가다(go there는 그곳에 가다)

A: How are you doing Chris? 크리스, 어떻게 지내?
B: I don't feel good today. I want to **go home.** 오늘 상태가 안좋아서 집에 가고 싶어.

come to ···에 오다, ···하러 오다

A: Oh, Jack. What are you doing here? 오, 잭. 여기 어쩐 일이야?
B: I **came to** support you. 너 도와주러 왔어.

come back to

…로[하러] 돌아오다

써니쌤의 핵심강의

어디에 갔으면 돌아와야줘~. 이럴 때는 back을 활용하여 come back to라고 쓴다. to 다음에는 돌아온 장소명사가 오는데, 왜 돌아왔는지 이유를 말할 때는 to+동사의 형태를 이어 말하면 된다. 물론 반대로 돌아가다라고 하려면 go back to라고 하면 된다.

Point

Come back to~ …로 다시 돌아와
She didn't come back to~ 걔 …하러[에] 돌아오지 않았어

SPEAK LIKE THIS

- 걔가 나를 도와주러(help) 왔다고 말하려면
  She came back to help me.

- 걔가 지난밤(last night)에 내 방에 돌아오지 않았다면
  He didn't come back to my room last night.

A: Is Fred in the office now?
B: Yeah, he came back to get his glasses.

    A: 프레드 지금 사무실에 있어?
    B: 어, 안경가지러 다시 돌아왔어.

go back to+장소[동사] …로 돌아가다(went back to는 …로[하러] 돌아갔다)

A: Where have you been? 어디 갔었어?
B: I went back to the park. 공원으로 돌아갔어.

get back to+장소 다시 돌아가다

A: Hey, I got to get back to the bachelorette party. 야, 난 처녀파티에 다시 돌아가야 돼.
B: What are you talking about? 그게 무슨 말이야?

13

talk about

…에 대해 얘기하다

써니쌤의 핵심강의

talk은 뒤에 전치사를 다양하게 붙여서 사용되는데, talk about sth하면 「…에 대해 대화하다」, talk to sb는 「…에게 말하다」, talk with sb는 「…와 이야기하다」라는 뜻이 된다.

Point

Let's talk about~ …에 대해 이야기해보자
I'm here to talk about~ 난 …관해 얘기하러 여기 온거야
Do you want to talk about~? …에 관해 얘기나누고 싶어?

SPEAK LIKE THIS

● 새로운 프로젝트에 관해 만나서 얘기하자고(meet to talk~) 할 때
Let's meet to talk about the new project.

● 상대방에게 오늘 이 얘기를 하고 싶은지(want to) 물어보려면
Do you want to talk about this today?

A: Do you have time to talk about the meeting?
B: Not this morning, but I am free after lunch.
　　A: 회의에 관해 얘기할 시간이 있어?
　　B: 아침은 안되지만 점심 후에는 시간돼.

---

talk to …에게 얘기하다(talk with는 …와 얘기하다)

A: John, I need to talk to you right now. 존, 지금 너와 얘기 좀 해야겠어.
B: What's the matter? 무슨 일인데?

talk about sth over coffee[lunch] 커피[점심]를 마시며 …에 대해 얘기하다

A: I'm having some problems at school. 나 학교에서 좀 문제가 있어.
B: Let's talk about it over lunch. 점심 먹으면서 얘기해보자.

take a walk

산보하다

써니샘의 핵심강의

요즘 많이들 하는 산보하다라는 표현, 「…까지 걸어서 가다」 혹은 「산보하다」라고 하려면 take a walk (down) to+장소, 그리고 「…와 산보하다」는 take a walk with sb로 하면 된다. 그리고 「산보를 오래하다」라고 하려면 그냥 long를 붙여 talk long walks라 하면 된다.

Point

Let's take a walk down to~ …까지 산책하자
Take a walk with me 나와 산보하자
I took a walk around~ …주변을 산책했어

SPEAK LIKE THIS

● 상대방에게 산책하고 싶냐(Do you want to~?)고 물어볼 때
  Do you want to take a walk?

● 할아버지는 오후마다(each afternoon) 산책을 하신다고 말할 때
  Grandpa takes a walk each afternoon.

A: Where were you last night?
B: After work, I took a walk on the beach.
  A: 지난 밤에 어디 있었어?
  B: 퇴근 후에, 해변가에서 산책했어.

take ~ for a walk (사람, 동물을) 산보시키다

A: Jackie is acting very restless. 재키가 매우 초조하게 행동해.
B: Let's take her for a walk outside. 밖으로 데리고 나가 산보시키자.

go[come] (out) for a walk 산보나가다[나오다]

A: It's like it's snowing outside. 밖에 눈이 오는 것 같아.
B: I don't want to go for a walk in the snow. 눈맞으며 산책하고 싶지 않아.

be late for

…에 늦다

써니쌤의 핵심강의

미안하지만 살다 보면 하지 않을 수 없는 일. 그 이유가 낙천적 성격이어서 건 혹은 피치 못할 사정이어서 건간에 수업이나 직장 혹은 약속시간에 늦는다고 할 때 사용하는 표현이다. for 대신에 to를 써도 된다.

Point

I'm going to be late for[to]~ …에 늦겠어
I'm late for[to]~ …에 늦다
It's too late for~ …하는데 너무 늦었어

SPEAK LIKE THIS
- 미안하지만(I'm sorry, but~) 좀 늦을 것 같아라고 말할 때
  I'm sorry, but I'm going to be a little late.

- 회의(meeting) 또 늦고 싶지 않다고 말할 때
  I don't want to be late to the meeting again.

A: Hi, Tom! Where are you going in such a rush?

B: I'm late for my dental appointment. I've got to run.

    A: 안녕, 톰! 어딜 그렇게 급하게 가?
    B: 치과예약시간에 늦었어. 빨리 가야 돼.

get more

be+시간+late for[to]~ …에 …만큼 늦다

A: We are 20 minutes late for the meeting. 회의에 20분 늦었어.

B: Okay, relax, we'll be there soon. 알았어. 진정해. 곧 도착할거야.

be getting late 늦었다

A: It's getting late. I need to go. 늦겠어. 나 가야 돼.

B: But I thought you'd stay longer. 아니, 난 더 있을 줄 알았는데.

be going to

…할거야

써니샘의 핵심강의

앞서 배운 go to는 '가다'라는 뜻이지만 be going to+동사의 형태는 「앞으로…할거야」라는 의미로 여기서 'going'에는 '가다'라는 뜻이 없다. 그냥 will처럼 조동사로 생각하는게 편하다. 또한 be going to는 be gonna로 주로 발음 된다는 점을 눈여겨 봐둬야 한다.

Point

I'm going to~ …할거야
Are you going to~? 너 …할거야?
It's going to~ …[할]일거야

SPEAK LIKE THIS
- 곧 세탁하러(do the laundry) 갈거라고 말하려면
  I'm going to go do the laundry.

- 상대방에게 회의에 참석할거(attend the meeting)냐고 물어볼 때
  Are you going to attend the meeting? 회의에 참석할거야?

A: **I'm going to** visit the hospital.
B: Why? Has something made you sick?

A: 병원에 갈려고
B: 왜? 어디 아프니?

be about to 바로…할거야, …할 참이야(be going to보다 가까운 미래)

A: **I'm about to** buy a brand new house. 나 새로 지은 집을 사려고 해.
B: Really? You must be very excited. 정말. 너 정말 신나겠다.

be going to+장소 …로 가고 있어(be going to+동사와 구분해야 됨)

A: Why are you wearing a suit and tie? 왜 정장을 입고 있어?
B: **I'm going to** an office for an interview. 나 면접보러 회사에 가.

right now

당장, 지금, 곧

써니샘의 핵심강의 ─────────────

right now는 now를 right가 강조하는 부사구로 크게 의미는 두 가지로 볼 수 있다. 하나는 「지금 현재는」(at the present time)이라는 의미로 지금을 강조하는 것이다. 다른 의미는 「당장」(immediately)이라는 말로 뭔가 상대방에게 시킬 때 사용하는 것이다.

Point

I'm too busy right now 지금은 너무 바빠
I'll tell her right now 지금 당장 걔한테 말할게

SPEAK LIKE THIS

● 걔가 지금 이 순간에 어디에 있는지(where she is) 물어보려면
Do you know where she is right now?

● 지금 당장 걔 엄마에게 전화할거래(call sb)고 말할 때
I'm going to call her mother right now.

A: Have some dinner before you go out.
B: But Mom, I'm not hungry right now.

　A: 나가기 전에 저녁 좀 먹어.
　B: 그지만 엄마, 나 지금은 배고프지 않아.

right away 지금 바로, 당장

A: Please get it done right away. 지금 당장 이것 좀 해줘.
B: Don't worry, you can count on me. 걱정마. 나만 믿어.

(all) at once 당장, 동시에

A: Life can be very stressful. 인생은 너무 고달플 수도 있어.
B: Yeah, a lot of things happen all at once. 그래, 많은 일들이 한꺼번에 일어나지.

be sure of

…을 확신하다

써니샘의 핵심강의

be sure는 「확신하다」, 「믿다」라는 뜻으로 확신하는 내용은 be sure about[of]~의 형태로 이어서 쓰면 된다. I'm sure about that(그거 확실해), I'm not sure about that(그건 잘 모르겠는데)은 잘 알려진 굳어진 회화문장이다.

Point

I'm sure about[of]~ …가 확실해
I'm not sure about[of]~ …은 확실하지 않아, 잘 모르겠어
Are you sure about[of]~? …가 확실해?

SPEAK LIKE THIS

● 난 이 질문에 답(answer to this question)을 확실히 알고 있다고 할 때
I'm sure about the answer to this question.

● 걔가 날 사랑하는 것(her love for me)이 확실하다고 생각할 때
I'm sure of her love for me.

A: So, the bus is going to arrive at 4:30?
B: Yes. I'm sure of the schedule.

A: 그래, 버스는 4시 30분에 도착하는거야?
B: 어. 난 버스 시간표가 맞을거야.

be not sure~ 확실하지 않다, 잘 모르다

A: I'm not sure about the price of this item. 이 상품의 가격을 잘 모르겠어.
B: We can ask a clerk how much it costs. 얼마인지 점원에게 물어보자.

be certain~ 확실하다(be certain of[that~]의 형태로 쓰인다)

A: She's not involved in anything. 걔는 어떤 거에도 연관이 없어.
B: And you're certain of that? 그럼 너 그거 확실한거야?

go shopping

쇼핑하러 가다

써니쌤의 핵심강의 _____

유명한 표현으로 go ~ing하게 되면 「…하러 가다」라는 뜻으로 go shopping외에 go fishing, go hiking 등, go 다음에 하고 싶은 행동을 ~ing 형태로 써주면 된다.

Point

I'm going ~ing …하러 가
go hiking 하이킹하러 가다
go sightseeing 관광하러 가다

SPEAK LIKE THIS

● 오늘 쇼핑하러 간다고 하려면
I'm going shopping today.

● 다음 주에(next weekend) 낚시하러 간다고 말하려면
I'm going fishing next weekend.

A: I heard you have a new hobby.
B: Yes, I **go** fishing on Sundays.

A: 새로운 취미거리가 생겼다며.
B: 어, 일요일마다 낚시하러 가.

---

go and+동사 가서…하다

A: I'll pay the check, if you **go and** get the car. 내 계산할 테니까 가서 차 좀 가져와.
B: That sounds like a good deal to me. 그렇게 하면 나한테는 굉장히 좋지.

A: I'd like to meet that pretty girl. 난 저 예쁜 여자애를 만나고 싶어.
B: **Go and** talk to her. 가서 말걸어봐.

go to sleep

자다

써니샘의 핵심강의

「잠들다」「잠자다」라는 의미의 표현. go 때문에 굳이 자러가다라고 생각하지 말고 go to sleep 전체를 그냥 잠자다라고 생각하면 된다. 또한 go 대신에 get을 써서 get to sleep해도 되며 이를 이용하여 「…을 재우다」라고 하려면 get sb to sleep이라고 한다.

Point

before I go to sleep 잠들기 전에
Let's go to sleep 자자
Go to sleep 자라
She went to sleep 걔 잠들었어

SPEAK LIKE THIS

● 난 밤에(at night) 자기 전에 패스트푸드를 많이 먹는다고 할 때
I eat a lot of junk food before I go to sleep at night.

● 많이 늦었어. 자는 게 낫겠어(should~)라고 말할 때
It's getting pretty late. We should probably go to sleep.

A: Then what did he say?
B: Nothing. He just went to sleep.
　A: 그럼 걔는 뭐라고 말했는데?
　B: 아무말도. 그냥 잠들었어.

go to bed 잠들다, 자다(make the bed는 아침에 일어나 침대를 정리하다)
A: Hi, am I calling too late? 안녕. 너무 늦게 전화한거야?
B: No, I usually go to bed late. 아니, 보통 늦게 잠들어.

fall asleep 잠들다(fall asleep while~는 …하다 잠들다)
A: Did you see the end of the show? 너 그 쇼의 끝을 봤어?
B: No, I fell asleep before it finished. 아니, 그게 끝나기 전에 잠들었어.

hear from

…로부터 소식을 듣다

써니샘의 핵심강의

예전에 달달 외웠던 표현으로 hear from sb는 sb로부터 편지나 이멜, 전화 등으로 「직접 소식을 듣는」 것을 말하며 hear of~는 「…에 대한 소식을 간접적으로 듣는」 것을, 마지막으로 hear about은 「…에 관한 소식을 듣다」라는 뜻이 된다.

Point

I just heard from~ 방금 …에게서 이야기를 들었어
I haven't heard from~ …로부터 소식을 듣지 못했어
Have you heard from~? …에게서 소식들었어?

SPEAK LIKE THIS
- 난 걔한테서 적어도(at least) 일주일에 한번(once a week) 소식을 듣는다고 할 때
I hear from her at least once a week.

- 한동안(in a while) 너한테서 소식을 못들었네라고 할 때
I haven't heard from you in a while.

A: Have you heard from Anne lately?

B: No, she doesn't stay in contact.

　A: 최근에 앤에게서 소식들은 적 있어?
　B: 아니, 걔하고 연락이 끊겼어.

hear of …의 소식을 듣다

A: Have you heard of the movie "SAW?" 너 "쏘우"라는 영화얘기 들어봤어?
B: No, but it sounds like a horror movie. 아니, 하지만 공포영화같은데.

hear about …대한 소식을 듣다

A: Did you hear about the office party? 사무실 회식에 관한 얘기들었어?
B: No. What happened? 아니. 어떻게 됐는데?

be happy with

…로 기쁘다

써니쌤의 핵심강의

굳이 행복하다라고 거창하게 말하기 보다는 그냥 좋다. 만족하다. 기쁘다 정도로 해석하는 게 더 바람직하다. 반대로 뭔가 불만이 있을 때는 be not happy~라고 쓰면 된다. be happy with[about]~하면 「…로 기쁘다」 be happy to do는 「기꺼이 …하다」 그리고 be happy for sb하면 「…가 잘 되어서 기쁘다」라는 뜻.

Point

I'm happy with[about]~ …에 좋아하다, 만족하다
I'm not happy with[about]~ …가 맘에 안들어
I'm happy to do~ 기꺼이 …할게(be willing to)

SPEAK LIKE THIS
- 내 일(my job)에 만족하지 못한다고 말할 때
  I'm not happy with my job.

- 정거장까지 차로 태워달라면(need a ride to~) 기꺼이 태워주겠다고 할 때
  If you need a ride to the station, I'm happy to drive you.

A: I'm very excited for Vicky to start her new job.
B: It sounds like she's going to be very happy with it.

A: 비키가 새로 직장을 갖게 되어서 정말 기뻐.
B: 비키도 아주 기뻐할거야.

be glad to~ 기쁘다(be pleased는 좀 더 formal한 표현)

A: I'm fine. Everything's just great. 좋아. 잘 지내고 있어.
B: I'm glad to hear it. 잘됐네.

get[be] excited about ~ing[N] …에 들뜨다, 신나다

A: Are you excited about celebrating Christmas? 성탄절 즐길 생각에 들떴어?
B: Yes, I think I'll get a lot of presents. 어, 선물을 많이 받을 것 같아.

be sad

기분이 안좋다, 꿀꿀하다

써니쌤의 핵심강의

be happy의 반대로 기분이 안좋다라는 표현. be 대신에 동사 feel이나 get을 써도 된다. be sad because~, 혹은 be sad that~의 형태로 쓰면 된다.

Point

I feel so bad because~ …때문에 기분이 안좋아
I'm so sad about~ …해서 너무 슬퍼
It's sad that ~ …해서 참 유감이야

SPEAK LIKE THIS

● 걘 울지 않았어. 화나지 않고(be angry) 슬퍼하지도 않았어라고 할 때
He didn't cry. He wasn't angry or sad.

● 난 제시카를 잃어서(lose sb) 너무 슬프다고 말할 때
I'm so sad about losing Jessica.

A: **What's wrong with you?**
B: **I feel so sad because my mother is sick.**
   A: 무슨 일이야?
   B: 어머니가 편찮으셔서 기분이 좋지 않아.

be depressed 마음이 울쩍하다, 우울하다
   A: **What is wrong with you these days? Are you ill?** 요즘 왜 그래? 어디 아파?
   B: **No, I'm just a bit depressed about my life.** 아니, 사는 게 좀 막막해서 그래.

feel lonely 외롭다
   A: **I don't understand what you mean.** 네가 무슨 말을 하는지 모르겠어.
   B: **What I'm trying to say is I feel lonely.** 내가 말하려는 건 내가 외롭다는거야.

be angry

화나다

써니샘의 핵심강의 ——————

angry는 「화난」이라는 단어로 더 화가 났을 때는 mad를 쓰면 된다. 화가 나는 대상은 be angry with~나 be angry at[about]~의 형태로 쓰면 된다. 물론 be 대신에 get을 써도 된다.

Point

I'm angry with[at, about]~ ···에 화가 나
I'm angry because~ ···때문에 화가 나
Why are you so angry~? 왜 그렇게 ···에 화가 난거야?

SPEAK LIKE THIS

● 짐이 아직도(still) 내게 화가 나있는지 궁금하다고(I wonder if~) 할 때
I wonder if Jim is still angry with me.

● 네가 수업을 빼먹어서(miss the class) 엄마가 화났다고 말할 때
Mother is angry because you missed the class.

A: I stayed out drinking beer last night.
B: That's not smart. Your wife will be angry.

A: 지난 밤에 맥주마시느라 집에 못들어갔어.
B: 한심한 놈. 아내가 화낼거야.

be[get] mad at[about] ···에 화가 무척 나다

A: Mommy, please don't be mad. 엄마, 제발 화내지마요.
B: Oh, sweetie, I'm not mad at you. 어, 애야, 너한테 화나지 않았어.

be[get] upset with[at, about] 화나다, 당황하다, 속상하다

A: I'm going. You will never see me again. 나 간다. 나 다신 못볼거야.
B: Why are you so upset with me? 왜 그렇게 내게 화가 난거야?

on foot

걸어서

써니샘의 핵심강의

기본적인 표현 중의 하나로 차나(by car), 자전거로(by bicycle)가 아닌 걸어서라고 할 때는 전치사를 by가 아닌 on을 써서 on foot라 한다. 걸어서 가다는 go on foot, 그곳에 걸어서 가다는 go there on foot라 한다.

Point

go on foot 걸어서 가다
come on foot 걸어서 오다
go there on foot 걸어서 그곳에 가다

SPEAK LIKE THIS
- 걔네들은 우리 집에(at our door) 걸어서 도착했어는
  They arrived **on foot** at our door.

- 일부 여행객들은 걸어서 리조트 타운을 돌아보는(tour+장소) 것을 좋아한다고 할 때
  Some travelers like to tour the resort town **on foot**.

A: How will you travel through Europe?
B: We'll go **by rail and on foot**.

　A: 넌 유럽일주를 어떻게 할거야?
　B: 기차도 타고 걸어서 할거야.

by car 자동차로

A: Is your cousin coming to visit? 네 사촌이 방문하러 와?
B: Yes, she'll arrive **by car** this afternoon. 어, 오늘 오후에 차로 도착할거야.

by bicycle 자전거를 타고

A: Many students get to class **by bicycle**. 많은 학생들이 자전거타고 학교에 와.
B: They must get lots of exercise. 걔네들 운동 많이 되겠다.

go out

나가다, 외출하다

써니샘의 핵심강의

단어 하나하나 보면 그대로 의미를 알 수 있는 표현. 좋은 시간을 갖기 위해 밖으로 나간다라는 말로 「외출하다」라는 의미. go out ~ing, go out to do, 그리고 go out and do~의 형태로 쓰면 된다. 단 문맥에 따라서는 「데이트하다」라는 의미로도 쓰이는데 이때는 go out with 혹은 go out together라 쓴다.

Point

Let's go out and do~ 나가서 …하자
I should go out and do~ 나가서 …해야 돼

SPEAK LIKE THIS

● 나가서 재미있게 놀자고(have some fun) 할 때
Let's go out and have some fun.

● 너무 추워. 나가지 마. 감기걸릴지(catch a cold) 몰라라고 할 때
It's too cold. Don't go out. You might catch a cold.

A: Let's go out to dinner tonight.
B: That sounds good. Where should we go?

A: 오늘 저녁 외식하자.
B: 좋아. 그런데 어디로 가지?

went out 외출했다, 나갔다

A: Where did the girls go? 여자애들 어디갔어?
B: They went out to do some shopping. 쇼핑 좀 하러 나갔어.

go out with …와 데이트하다(go out on a date), …와 함께 나가다

A: If you don't want to go out with me, just say so.
나하고 데이트하고 싶지 않으면 그냥 그렇게 말해.
B: Well, I don't want to go out with you. 저기, 나 너랑 데이트하기 싫어.

so far

지금까지

써니쌤의 핵심강의

지금까지(so far)라는 뜻으로 어느 정도 과거의 시점부터 지금까지 무엇이 어떤지 표현할 때 사용하면 유용하다. 우리에게는 지금까지는 괜찮다라는 뜻의 So far, so good이 잘 알려져 있다.

Point

And so far, 그리고 지금까지
*live so far away 그렇게 멀리 살다

SPEAK LIKE THIS

● 지금까지는 상황(things)이 잘 돌아가고 있다(go pretty well)고 말할 때
Things are going pretty well so far.

● 이 강좌(course)는 지금까지는 쉽다고 할 때
This course is easy so far.

A: Are you comfortable?

B: So far. Thanks for asking.

A: 불편한 거 없어?
B: 지금까지는 괜찮아. 물어봐서 고마워.

up to now 지금까지

A: How is your stomach? 너 배 어때?
B: Up to now, it's been very painful. 지금까지, 정말이지 아팠어.

until now 지금까지

A: Had you met Candy before? 전에 캔디 만난 적 있었어?
B: Until now, we'd never met. 지금까지, 우린 만난 적이 없어.

be easy to

…하기 쉽다

써니쌤의 핵심강의

It is+형용사+to~의 형태로 쓰이는 표현중 하나. to 이하를 하는 것이 쉽다고 말하는 것으로 It's easy to+동사의 형태로 사용하면 된다. 쉽지 않다고 하려면 It's not easy to 혹은 It's hard[difficult] to~라 한다.

Point

It's easy to~ …하는 것은 쉽다
It's easy to see what[how~] …을 쉽게 알 수 있다

SPEAK LIKE THIS
- 돈을 쓰는(spend the money) 것은 쉬웠다고 말할 때
  It was easy to **spend the money.**

- 좋은 일자리를 구하는(find a good job) 것은 쉽지 않다고 할 때
  It's not easy to **find a good job.**

A: Did you have trouble finding my apartment?
B: No, it was easy to get here.

A: 내 아파트 찾는데 힘들었어?
B: 아니, 여기 오는데 쉬웠어.

be difficult to …하는 것은 어렵다

A: Oh God, I'm so lonely. 에고, 나 정말 외로워.
B: It's difficult to find a boyfriend. 남친 구하는게 쉬운 일은 아니지.

be hard to …하는 것은 어렵다

A: It's hard to get good grades. 성적을 잘 받는 건 어려워.
B: You need to study harder. 너 좀 더 열심히 공부해야 돼.

be surprised at

…에 놀라다

써니샘의 핵심강의 _____

뭔가 놀라운 소식이나 현상을 듣거나 봤을 때의 감정을 표현하는 것으로 be surprised at[by]~
의 형태로 쓰면 된다. 그냥 단순히 I'm surprised!하면 "정말 놀랐어." 반대로 놀라지 않았다고 시
큰둥하게 말하려면 I'm not really surprised라고 하면 된다.

Point

I'm surprised at[by]~ …에 놀라다
I'm surprised that S+V …에 놀라다

SPEAK LIKE THIS
- 너 걔보고 놀랬냐고 물어보려면
  Were you surprised at her?

- 상대방의 마지막 질문(last question)에 놀랐다고 하려면
  I **was surprised by** your last question.

A: I wrestle in a gym every Saturday.

B: You like wrestling? **I'm surprised!**

A: 난 일요일마다 체육관에서 레슬링해.
B: 레슬링을 좋아한다고? 놀랬는걸!

be surprised to …하는 것을 보고 놀라다

A: Mindy came to my party. 민디가 내 파티에 왔었어.
B: I **was surprised to** find her there. 걔가 거기 있는 걸 보고 놀랬어.

be shocked at …에 충격을 받다

A: Keith got into a serious fight. 키스가 싸움을 심하게 했어.
B: Yes, I **am shocked at** his behavior. 어. 걔 행동보고 충격받았어.

watch a movie

영화를 보다

써니샘의 핵심강의

간단한 표현이지만 막상 영어로 말하려면 watch를 써야 되는지 see를 써야 되는지, 관사는 a를 쓰는지, the를 쓰는지 몰라 입이 안떨어지는 표현이다. 먼저 동사는 watch나 see 아무거나 써도 되며, 관사의 경우는 막연한 영화를 말할 때는 a를, 특정 영화를 지칭할 때는 the를 쓰면 된다. 또한 TV에서 영화를 보다는 watch a movie on TV라 한다.

Point

Would you like to see a movie with me~? 나랑 영화 한편 볼래~?
Did you see the movie ~? …라는 영화봤어?

SPEAK LIKE THIS

● 지금 막(be about to) 나가서 영화보려고 한다고 하려면
We are about to go out and see a movie.

● 상대방에게 내일 밤(tomorrow night)에 같이 영화보자고 물어볼 때
Would you like to see a movie with me tomorrow night?

A: Did you see the movie *"Taken"*?
B: No. What's it about?

A: "테이큰"이라는 영화봤어?
B: 아니. 어떤 내용인데?

go to a movie 영화를 보러 가다(go to the movies라고 써도 된다)

A: How would you like to go to a movie? 영화보러 갈래?
B: Let's not go downtown tonight. 오늘 밤에는 시내에 가지 말자.

watch TV TV를 보다

A: Can I come over and watch TV with you? 내가 가서 너와 함께 TV를 봐도 괜찮겠니?
B: Sure, that sounds like a good idea. 그럼, 좋지.

get up

일어나다

써니쌤의 핵심강의

잠에서 깨어 일어나다(get out of the bed after sleeping)라는 말. 아침에 「일어나다」는 get up in the morning. 「늦잠자다」는 get up late라 한다. get과 up사이에 사람을 넣어서 get sb up하면 sb를 「일어나게 하다」 즉 「깨우다」라는 말. 또한 구어체에서는 stand up처럼 그냥 자리에서 일어난다고 할 때도 쓴다.

Point

get up early 일찍 일어나다
get up late 늦잠자다
get sb up …을 깨우다

SPEAK LIKE THIS

● 일찍 일어나서 뉴욕행 비행기를 타야(catch the plane) 된다고 할 때
I have to get up early and catch that plane for New York.

● 상대방을 너무 일찍(so early) 깨워서 미안하다고 할 때
I'm sorry to get you up so early.

A: Do you need to get up early tomorrow morning?
B: Yeah. Please set the alarm at 5 a.m.
　A: 내일 아침 일찍 일어나야 돼?
　B: 어. 5시로 알람 좀 해줘.

wake sb (up) 깨우다(wake up는 일어나다)

A: It's time to go to work. 출근할 시간이야.
B: Okay. Wake my brother up. 그래. 내 형 깨워.

get out of bed 잠자리에서 일어나다(go out of bed라고는 쓰지 않는다)

A: You look tired this morning. 너 오늘 아침 피곤해 보인다.
B: It was tough to get out of bed. 잠자리에서 일어나는게 힘들었어.

some day

언젠가

써니샘의 핵심강의 ────────────────

some day는 「미래의 언젠가」라는 의미로 「과거의 어느 날」을 의미한다는 one day의 반대표현
으로 익혀왔던 표현이다. 하지만 실제 구어체에서는 one day 역시 과거의 어느 날을 의미할 뿐만
아니라 some day처럼 미래의 어느 날을 뜻한다는 것을 주의해야 한다.

Point

You will understand some day 언젠가는 이해하게 될거야
Some days,~ 어떤 날들은, …

SPEAK LIKE THIS
● 언젠가 너는 결혼하게 될거야(get married)라고 위로할 때
Some day you'll get married.

● 상대방에게 앞으로 언젠가는 이거에 대해 내게 감사할거라(thank sb for this)고 말할 때
You'll thank me for this one day. 언젠가 내게 감사할거야.

A: I don't want to talk to you.
B: Maybe one day you will change your mind!

　A: 너랑 얘기하고 싶지 않아.
　B: 언젠가는 네 마음이 바뀔거야!

someday soon 가까운 날에
A: Are you going on vacation? 휴가 갈거야?
B: Someday soon I'll travel to Thailand. 조만간에 태국으로 여행갈려고.

sooner or later 조만간에
A: I've had so much bad luck. 난 정말 운이 지지리도 없었어.
B: Sooner or later your luck will change. 조만간에 운이 바뀔거야.

speak English

영어로 말하다

씨니쌤의 핵심강의 ────────────────

영어를 공부하는 사람들의 공통의 목적. speak 다음에 그 나라의 형용사형(명사적 의미도 있음)을 붙이면 그 나라 말을 하다가 된다. "영어로 말을 잘하다"는 speak English very well이라 한다.

Point

I'm sorry, but I can't speak English very well 미안하지만 영어가 서툴러요
Do you speak English? 영어 할 줄 알아요?
She doesn't speak English 걘 영어를 못해

SPEAK LIKE THIS

● 난 공부를 해서(study) 영어를 더 잘 말할 수 있다고 자랑할 때
I studied so I could speak English better.

● 인도에서(in India) 사람들이 영어로 말해?라고 물을 때
Do they speak English in India?

A: Is it difficult to travel in Holland?

B: No, most of the people speak English.

　　A: 네덜란드에서 여행하는게 어려워?
　　B: 아니, 대부분 사람들이 영어를 말해.

---

teach English 영어를 가르치다(teach students English는 학생들에게 영어를 가르치다)

A: What does your father do? 네 아버님은 뭐를 하셔?

B: He teaches English at a high school. 고등학교에서 영어를 가르치셔.

give lessons in English 영어수업을 하다

A: Do you give lessons in English? 영어교사예요?

B: No, I'm a Spanish teacher. 아뇨, 스페인어 교사인데요.

give up

포기하다

써니쌤의 핵심강의 _____

참 유혹적인 표현이지만 절대 해서는 안되는 표현. give up은 뭔가 하다가 그만둔다는 것으로 「포기하다」, 「그만두다」라는 의미이다. give up하려는 사람에게 할 수 있는 말은 Never give up!(절대 포기하지마!)이다.

Point

I gave up~ 난 …을 포기했어
Don't give up 포기하지마
I don't want you to give up~ 네가 …을 포기하지 않기를 바래

SPEAK LIKE THIS

● 난 네가 네 커리어를 포기하지 않기를 원한다(don't want sb to~)고 하려면
I don't want you to give up your career.

● 그럼 넌 그냥 그렇게(just like that) 우리를 포기할거야?라고 따질 때
So you're just going to give up on us, just like that?

A: Maybe I shouldn't study acting.
B: Come on, don't give up your dreams.

A: 난 연기공부를 하지 말아야 될 것 같아.
B: 그러지마, 네 꿈을 포기하지마.

stop ~ing~ …하는 것을 그만두다
A: Stop making all that noise. 그 소음들 좀 그만 내라.
B: Sorry, I'll try to be more quiet. 미안, 좀 더 조용히 하도록 할게.

pass up a chance 기회를 놓치다
A: Should I take the promotion? 승진을 받아들여야 할까?
B: Never pass up a chance for a better job. 더 좋은 자리로 가는 기회를 절대 놓치지마.

agree with

동의하다, 찬성하다

써니샘의 핵심강의 _____

agree는 쉽지만 그 뒤에 오는 전치사 때문에 좀 헛갈리는 표현. agree with 다음에는 사람이나 사물이 오며 agree to sth[do]하게 되면 「찬성하다」라는 뜻이 된다.

Point

agree with sb about sth~ 난 …에 대해 …에 동의하다
agree with sb a hundred per cent …의 의견에 전적으로 동의하다
agree to sth 찬성하다

SPEAK LIKE THIS

● 네가 말한(~you said) 모든 거에 동의한다고 할 때
I agree with everything you said.

● 다른 사람들(the others)은 나에게 동의하지 않았어는
The others didn't agree with me.

A: I think we should go and celebrate.
B: I entirely agree with you.

　　A: 가서 축하하자.
　　B: 전적으로 동감이야.

agree on[about] …에 대해 의견이 일치하다

A: I heard you're getting married. 너 결혼한다며.
B: Yes, we even agreed on the date. 어, 날짜까지 맞췄어.

agree to+동사 …하는데 찬성하다

A: Sandra made a lot of mistakes. 샌드라는 많은 실수를 했어.
B: She agreed to do a better job next time. 다음에는 일을 더 잘하겠다고 동의했어.

step by step

단계적으로

써니쌤의 핵심강의

한 걸음 한 걸음이라는 뜻으로 「천천히 단계적으로」(gradually) 변하는 것을 말할 때 쓰는 표현으로 little by little이라고 해도 된다.

Point

little by little 조금씩

SPEAK LIKE THIS
- 그거 어려우니(be hard) 단계적으로 하라고 할 때
  It's hard, so take it step by step.

- 우리는 지시사항(the instructions)에 따라 점진적으로 나아갔어라고 할 때
  We went step by step through the instructions.

A: How can I apply for a visa?
B: You need to go step by step to get one.
   A: 비자신청을 어떻게 해?
   B: 비자얻으려면 하나씩 밟아가야 돼.

one by one 하나씩

A: One by one, everyone is getting sick. 한명씩, 모든 사람이 병에 걸렸어.
B: There's a bad flu going around. 심한 독감이 돌고 있어.

day by day 조금씩, 서서히

A: How is your new business doing? 새로 시작한 사업 어때?
B: Day by day it's getting better. 조금씩, 나아지고 있어.

once more
다시 한번 더, 또 다시

써니샘의 핵심강의

once more은 once again과 같은 의미로 과거에 이미 했던 것을 「다시 한번 더 한다」는 의미로 쓰이는 생기초 표현이다.

Point

Say it once more 한번 더 얘기해줘
Once again, I am so sorry 다시 한번 정말 미안해

SPEAK LIKE THIS

● 난 한번 더 해리를 만날거야(meet)는
I'm going to meet Harry once more.

● 우리는 한번 더 그 문제에 대응해야(face the problem) 된다고 할 때
We have to face the problem once more.

A: I'd like to ask for your advice about something.
B: Say it once more, please.
　　A: 어떤 일에 대해서 조언을 구하고 싶어요.
　　B: 한번만 더 말해주세요.

one more time 한번 더

A: Did you like the novel? 너 그 소설 좋았어?
B: Yes. I plan to read it one more time. 어. 한번 더 읽을 계획이야.

all over again 또 다시(start over again 처음부터 다시 시작하다)

A: Did they stop arguing? 걔네들 말다툼 멈췄어?
B: No, the fight started all over again. 아니, 싸움이 처음부터 다시 시작됐어.

for example

예를 들어

씨니쌤의 핵심강의

아주 익숙한 표현으로 뭔가 구체적으로 그리고 분명하게 얘기하기 위한 목적으로 예를 들 때 사용하는 표현으로 for instance라고 해도 된다.

Point

For example,~ 예를 들어, …
For example? 예를 들면?

SPEAK LIKE THIS

● 예를 들어 이 그림(this painting)을 보라고 할 때
Look at this painting, for example.

● 예를 들어, 이것들은 수리가 되어져야(be fixed) 돼라고 할 때
These need to be fixed, for example.

A: Why do you hate Ray so much?
B: Because he's an idiot, for example.

A: 너 왜 그렇게 레이를 싫어하는거야?
B: 한 예로, 걔 멍충이잖아.

get more

for instance 예를 들어

A: What kind of music do you like? 무슨 음악을 좋아해?
B: Classical music is nice, for instance. 예를 들자면, 클래식 음악이 멋있지.

A: What should I give my girlfriend? 내 여친에게 뭘 줘야될까?
B: Something nice, for instance, some flowers. 뭐 멋진 걸로, 예를 들면 꽃 몇송이.

1

A: Do you have time to talk about the meeting?

B: Not this morning, but I am free after lunch.

A: Okay. I'll _____ back after lunch then.

B: Around two o'clock would be perfect.

A: 회의에 대해 얘기할 시간 있어?

B: 아침은 안되고 점심 후에는 괜찮아.

A: 좋아. 그럼 점심 후에 다시 올게.

B: 2시 경이 가장 좋을 것 같아.

2

A: What's the problem?

B: It seems that I have lost my wallet.

A: Are you sure?

B: I'm _____ _____ it fell out of my jacket.

A: 무슨 문제가 있어?

B: 지갑을 잃어버린 것 같아.

A: 정말이야?

B: 제 재킷에서 떨어진 것이 확실해.

3

A: I think we should go and celebrate.

B: I entirely _____ with you.

A: I'll make a reservation at the restaurant now.

B: Great, and I'll let everyone know.

A: 가서 축하해 주자.

B: 전적으로 동감이야.

A: 내가 지금 식당 예약을 해놓을게.

B: 좋아. 난 딴 사람한테 모두 알려줄게.

4

A: Is Peter in the office today?

B: He is, but he is in a meeting right now.

A: May I _____ _____ message?

B: Yes. Could I have your name and phone number first?

A: 피터가 오늘 사무실에 있나요?

B: 네, 근데 지금은 회의 중이신데요.

A: 메시지를 남겨도 될까요?

B: 네. 성함과 전화번호부터 말씀해주시겠습니까?

5

A: Why _____ you so _____ at me?

B: Because you said I was fat and ugly!

A: I didn't mean it. I was just kidding.

B: You were?

A: 왜 그렇게 나한테 화를 내는거야?

B: 나보고 뚱뚱하고 못생겼다면서!

A: 그런 뜻이 아니었어. 그냥 농담이었다구.

B: 정말?

6 A: It's good to _____ _____ you again!

B: I'm glad to be back on the job.

A: How long were you off sick?

B: Almost two months.

A: 네 목소리를 다시 듣게 되다니!

B: 다시 일할 수 있게 돼서 나도 기뻐.

A: 병가로 얼마나 결근했지?

B: 한 두달 정도.

7 A: Let's _____ _____ to dinner tonight.

B: That sounds good. Where should we go?

A: Why don't we try that new Italian place?

B: Okay, but it's expensive, so we will have to go Dutch.

A: 오늘 저녁, 외식하자.

B: 좋아, 그런데 어디로 가지?

A: 새로 생긴 이탈리아 식당 어때?

B: 좋지, 근데 비싸잖아. 돈은 각자 내야 할거야.

8 A: Would you like to _____ _____ _____ movies tonight?

B: Sure, but do you know what movie is showing?

A: The movie "Lincoln" is playing at seven-thirty.

B: That would be great!

A: 오늘 밤 영화 보러 갈래?

B: 좋지, 근데 무슨 영화하는지 알아?

A: 영화 「링컨」이 7시 30분에 해.

B: 그거 좋겠다!

Answers

1. come (back) 돌아오다 2. (I'm) pretty sure 확신하다 3. (agree) with 동의하다 4. leave a (message) 메시지를 남기다 5. are, angry, (at): be angry at 화내다 6. hear from …로부터 소식을 듣다 7. go out (to) …하러 나가다 8. go to the (movies) 영화를 보러가다

41

알면서도
써보지 못한 표현들

I guess we'll have to star over again.

Chapter

2

029-063

I'm not sure about the weather tomorrow.

Would you like to go out to lunch with me?

I don't know when he will come back.

be all right

괜찮다

써니쌤의 핵심강의

all의 있고 없음 차이지만 be right은 「사실 여부가 맞다」는 말인 반면, be all right은 주어가 「괜찮다」라는 뜻이므로 잘 구분해서 써야 한다. 또한 「···하는 것이 괜찮다」라고 할 때는 It's all right[okay] to do~ 혹은 It's all right[okay] if~라고 하면 된다.

Point

> **That's all right** 괜찮아
> **I'm all right** 난 괜찮아
> **Are you all right?** 너 괜찮아?
> **All right(?)** 알았어(?)

SPEAK LIKE THIS

- 자기야, 다(everything) 잘 될거야라고 말할 때
  Honey, everything's going to be all right.

- 우리가 함께 일하면(work together) 아무 문제 없을거야라고 할 때
  We'll be all right if we work together.

A: Can I bring a friend to your house?

B: Sure, it's all right if you do that.
  A: 네 집에 친구 데려가도 돼?
  B: 그럼, 그렇게 해도 돼.

be fine with ···가 괜찮다

A: Does your mom like coffee? 네 엄마 커피 좋아하셔?

B: She's fine with coffee or tea. 커피든 차든 괜찮으셔.

be okay with ···가 괜찮다

A: We can't go out tonight. 우리 오늘밤에 외출하지 못해.

B: I'm okay with staying home. 난 집에 있어도 돼.

be on leave

휴가중이다, 휴가가다

써니쌤의 핵심강의

「떠나다」라는 동사 leave는 다양한 의미로 쓰이지만 여기서는 명사로 쓰인 경우. 그렇다 하더라도 가장 기본적인 의미인 떠나다라는 의미에서 벗어나지 않은 것으로 「휴가」를 뜻한다. 즉 여기서 leave는 vacation과 같은 의미.

Point

have been on leave for~ …동안 휴가중이다
be on leave right now 지금 휴가중이다

SPEAK LIKE THIS

● 상대방에게 휴가중이니 개인적인 시간(personal time)을 좀 가지라고 할 때
You're on leave. You get some personal time.

● 걔는 2주간(for two weeks) 휴가중이라고 말할 때
She's been on leave for two weeks.

A: Does Sam still work in this department?
B: She does, but she's on leave right now.

A: 샘이 이 부서에서 아직 일을 하나요?
B: 네, 하지만 지금은 휴가중이에요.

go on vacation 휴가가다

A: Can you afford to go on vacation? 너 휴가 갈 수 있어?
B: No, I will have to stay home this year. 아니, 올해엔 집에 있어야 돼.

take a vacation 휴가가다

A: What are you going to do with your bonus? 보너스로 뭘 할 거야?
B: I'm thinking of taking a vacation. 휴가갈까 해.

have fun

재미있게 놀다, 즐겁게 시간을 보내다

써니쌤의 핵심강의

have fun은 글자 그대로 「재미를 본다」라는 의미로 「즐겁게, 재미있게 놀다」라는 뜻이다. 강조하려면 have a lot of fun, have much fun이라고 쓰면 된다. 또한 파티간다고 하는 룸메이트에게 "잘 놀아!"라는 의미로 Have (much) fun!이라는 인사성 표현으로도 사용된다.

Point

have much fun ~ing 즐겁게 …을 하다
Have fun! 재미있게 보내!
be a lot of fun ~ing …하는 게 즐겁다

SPEAK LIKE THIS

● 오늘 좀 재미있게 놀거라(have some fun)고 말할 때
We're going to have some fun today.

● 상대방에게 같이 일해서 즐거웠다(be a lot of fun ~ing)고 말할 때
It was a lot of fun working with you.

A: Did you have fun at the beach?
B: Yeah, we had a great time.

　A: 해변에서 재미있게 놀았어?
　B: 어, 아주 멋진 시간을 보냈어.

---

be a lot of fun 재미있다

A: Your parties are always a lot of fun. 네가 여는 파티들은 항상 재밌어.
B: It's good to hear that. Enjoy yourself. 그런 말 들으니 좋다. 재미있게 지내.

enjoy ~ing(N) …을 즐기다(Enjoy yourself 재미있게 보내)

A: I'm going to a concert tomorrow. 내일 콘서트 갈거야.
B: Enjoy your concert. 재미있게 봐.

if you like

네가 좋다면, 원한다면

써니샘의 핵심강의

뭔가 상대방에게 제안할 때 사용하거나 혹은 상대방의 제안에 찬성이나 허락하면서 사용하는 표현. if you want라고 해도 된다. 물론 아래처럼 if you like to+동사의 형태로 사용해도 된다.

Point

We'll~, if you like 네가 원한다면 …할게
OK, if you like 좋아, 원한다면

SPEAK LIKE THIS

● 네가 원한다면 우리는 그것들을 다시 검토할거야(go through)라고 말하려면
We'll go through them again, if you like.

● 네가 좋다면 난 가게에 후다닥가서(run down to) 빵 좀 사올게(get some bread)는
I can run down to the store and get some bread if you like.

A: I'll help you finish washing the dishes if you like.
B: Oh I appreciate it. I'm so exhausted.

A: 원한다면 설거지 마무리하는 것 도와줄게.
B: 아, 고마워요. 정말 피곤해요.

---

if you want 네가 원한다면

A: Can I come in? 들어가도 돼요?
B: Uh, yeah, if you want. 어 그래 그러고 싶으면.

if you like[want] to~ …하는 것을 원한다면

A: I'm really broke this week. 나 이번주에 땡전한푼 없어.
B: If you want to borrow money, tell me. 돈 빌리고 싶으면 말해.

look for

…을 찾다, 구하다

써니샘의 핵심강의

look for는 뭔가 필요한 사람이나 사물을 구하거나(search for), 원하는 것을 찾는(try to find) 것을 뜻한다. 주로 진행형(be looking for)으로 많이 쓰이며 또한 for 다음에는 사람이나 사물이 온다는 사실을 기억해둔다.

Point

I'm looking for~ …를 찾고 있어
Are you looking for~? 너는 …을 찾고 있어?

SPEAK LIKE THIS

● 크리스는 새로운 직업(a new job)을 찾아봐야 한다고 할 때
Chris needs to go look for a new job.

● 손님 등에게 뭔가 특별한 거(anything in particular)를 찾고 있냐고 물어볼 때
Are you looking for anything in particular?

A: What can I help you with?
B: I'm looking for the Museum of Modern Art.
  A: 뭘 도와드릴까요?
  B: 현대 미술관을 찾고 있는데요.

search for 찾다

A: Can I help you? 찾으시는거 있으세요?
B: I'm searching for a good novel. 좋은 소설을 찾고 있어요.

in search of …을 찾아서

A: What did that man want? 저 남자가 원하는게 뭐야?
B: He's in search of a toilet. 화장실을 찾고 있어.

do one's best

최선을 다하다

써니쌤의 핵심강의

역시 잘 알려진 표현으로 do one's best는 「자신의 최선을 다해서 노력한다」는 말로 try one's best라고도 한다. 강조하려면 do one's best one can이라고 한다. 또한 명령형태인 Do your best!도 많이 쓰인다.

Point

I'm doing best to~ 난 최선을 다해서 …하고 있어
I did my best to ~ 난 최선을 다해서 …했어
Do your best to~ 최선을 다해 …해라

SPEAK LIKE THIS

● 친구가 직장을 찾기 위해(to find a job) 최선의 노력을 하고 있을 때
She's doing her best to find a job.

● 내가 가능한 최선을 다하고 있다고 걔한데 말해줄래?(Could you tell her~)는
Could you tell her I'm doing the best I can?

A: I'm sorry, but I'm doing the best I can.
B: Well, your best isn't good enough.

A: 미안해요, 하지만 전 제가 할 수 있는 한 최선을 다하고 있어요.
B: 글쎄요, 당신이 최선을 다하는 것 가지고는 부족하군요.

try one's best 최선을 다하다

A: Do a good job on the report. 레포트 잘 써라.
B: Sure, I'll try my best. 그럼요, 최선을 다할게요.

do everything possible 가능한 한 최선을 다하다

A: I heard the patient died. 그 환자가 죽었다며.
B: We did everything possible to save him. 그 사람을 살리려고 우린 최선을 다했어.

so to speak

말하자면

써니쌤의 핵심강의

우리말로는 「이를테면」, 「말하자면」이라는 뜻으로 뭔가 자신이 한 말을 비유나 상징 혹은 예를 들면서 명쾌하게 한번 다시 정리할 때 사용하는 표현. 「달리 표현하자면」이라는 뜻의 in other words 도 있다.

Point

So to speak, ~ 말하자면…

~~~, so to speak … 말하자면…

SPEAK LIKE THIS

● 난 좋은 일자리를 구하길(find a job) 바래, 말하자면 말이야는

I hope to find a good job, so to speak.

● 걔는 빚이 없었어(be debt free), 말하자면 2주 전까지는 말야라고 할 때

He was debt free, so to speak, until two weeks ago.

A: Are Mary and David getting married?

B: They may be putting off their wedding, so to speak.

A: 메리와 데이빗이 결혼해?
B: 말하자면 걔네들 결혼식을 연기할 지도 몰라.

in other words 바꿔 말하면, 달리 말하자면

A: There is a lot of work to do. 할 일이 엄청 많아.

B: In other words, we'll be here all night. 달리 말하자면, 우리 여기서 밤샐거란 말이야.

have to

…해야만 한다

써니쌤의 핵심강의 ─────────────

have to와 must는 "…하는게 좋겠다」라는 약한 의미의 뉘앙스를 띄는 should, ought to보다는 의무의 무게가 무겁다. 특히 must는 상대적으로 formal해 have to가 많이 쓰이고 이는 have got to라고 써도 된다.

Point

I have to do~ 나는 …해야 돼
We had to do~ 우리는 …해야 했어
I'll have to do~ 난 …을 해야 할거야
You have to do~ 넌 …을 해야 돼

SPEAK LIKE THIS
● 내일있는 회의를 취소(cancel) 해야 되는 상황에서
I **have to** cancel tomorrow's meeting.

● 상대방에게 30분간 뛰어야 될거라 말할 때
You will **have to** run for 30 minutes.

A: You **have to** stay late tonight.
B: You can't be serious. I want to go home.

A: 넌 오늘 밤 야근해야 돼.
B: 이럴 수가. 나 집에 가고 싶어.

get
more

have got to + V …해야만 한다(= have to)

A: I've **got to** go. Let's catch up later. 나 가야 돼. 나중에 보자.
B: Sure, give me a call sometime. 좋아. 언제 전화해.

A: I've **got to** go. Take care. 나 가야 돼. 조심해.
B: OK, see you later, nice meeting you. 그래. 나중에 봐. 만나서 반가웠어.

must

…해야 한다

씨니샘의 핵심강의

앞서 말했듯이 must는 강제성이 가장 강한 조동사로 의미는 have to와 유사하다. 그래서 must not하면 강한 금지의 뜻이 되며, must be~형태로 되면 「…임에 틀림없다」라는 추측표현이 된다.

Point

I must do~ 나 …해야 돼

You must do~ 너 …해야 돼

You must not do~ 너 …하면 안돼

SPEAK LIKE THIS

● 상대방에게 내가 가는 곳 족족(wherever I go) 따라와야 된다고 말할 때

You must follow me wherever I go.

● 상대방이 그것(that) 때문에 열받아 있는 것처럼 보일 때

You must be very upset about that.

A: Do you think I'm too strict?

B: Sometimes. You must not hit your children.

A: 내가 너무 엄격한 것 같아?

B: 때론. 애들을 치면 안돼지.

should 하는게 좋겠어(must처럼 …해라가 아니라 …하면 더 좋을 듯하니 그래라 정도의 뉘앙스)

A: Ray is very angry at Jenny. 레이는 제니에게 무척 화났어.

B: It seems to me that she should apologize. 난 제니가 사과해야 될 것 같아.

had better + V …하도록 해(친구나 아랫사람 쓰는 표현으로 명령, 충고, 혹은 경고성으로 쓰인다)

A: We'd better leave or we're going to be late. 우리 출발하지 않으면 늦을거야.

B: You go get the elevator. I'll be there in a minute. 가서 엘리베이터 잡아. 곧 갈게.

same here

나도 그래

써니샘의 핵심강의

여러가지 상황에서 나의 경우도 상대방(들)과 마찬가지라는 의미. 물리적으로 물건이 같을 때 혹은 말의 내용에 나에게도 해당된다고 할 때 쓰일 수 있다. 따라서 문맥에 따라 긍정과 찬성의 의미, 혹은 상대의 인사에 대한 대답으로 쓰인다.

Point

of course 물론이야, 당연하지

SPEAK LIKE THIS

● 나도 그래. 내가 생각했던게 바로 그거야(that's what~)라고 할 때
Same here. That's what I was thinking.

● 나도 그래. 우리는 합의를 했어(be in agreement)라고 할 때
Same here. We're in agreement.

A: I can't wait to see the new play.
B: Same here. I bought tickets last night.

A: 새로 시작하는 연극을 빨리 보고 싶어.
B: 나도 그래. 어젯 밤에 표를 샀어.

same as always 언제나처럼

A: How is grandfather doing? 할아버지 어떠셔?
B: Same as always. He's still healthy. 여전하셔. 아직도 건강하셔.

same as usual 여느 때처럼, 늘 그랬듯이

A: Anything special happen today? 오늘 뭐 특별한 일 있었어?
B: Nope. It was the same as usual. 아니. 여느 날과 똑같았었어.

learn to

…하는 것을 배우다

써니샘의 핵심강의

learn은 배우다라는 뜻으로 뒤에 to+V를 받아서 …하는 것을 배우다라는 표현으로 자주 쓰인다. 「…하는 법을 배우다」, 「습득하다」라고 할 때는 learn how to+동사라 해주면 된다.

Point

You never learned to~? …하는 것 배워본 적 없지?
Where did you learn to~? 어디서 …하는 것을 배웠어?

SPEAK LIKE THIS

● 어디서 영어회화(speak English)를 배웠냐고 물어보려면
Where did you learn to speak English?

● 너 수영배운 적이 전혀 없지(You never learned~?)라고 확인할 때
You never learned to swim?

A: Where did you learn to paint so well?
B: I never went to art school.

A: 어디서 배웠길래 그림을 그렇게 잘 그리니?
B: 난 미술 학원이라곤 가본 적이 없다구.

learn about …에 관해 배우다

A: How was history class? 역사 수업이 어땠어?
B: We learned about Chinese rulers. 중국 통치자들에 대해 배웠어.

learn by heart 암기하다

A: It's difficult to understand grammar. 문법을 이해하는 것은 어려워.
B: You need to learn the rules by heart. 규칙들을 암기해야 돼.

like to

…하는 것을 좋아하다

써니샘의 핵심강의 _____

지금 당장 뭔가를 원하거나 하고 싶다는 말이 아니라 자기의 성향을 말하는 표현의 일종으로 난 일
반적으로 「…을 좋아하거나」 「…하는 것을 좋아한다」고 자기 소개를 하는 표현이다. I would like
to~와 헷갈리지 말도록.

Point

I like her 난 개가 좋아
I like to do[~ing]~ 난 …하는 것을 좋아해
I don't like to~ …하는 것을 싫어해
Do you like to~ ? …하는 것을 좋아해?

SPEAK LIKE THIS

● 그 여자가 해산물 먹는(eat seafood) 것을 좋아하냐고 물어보려면
Does she like to eat seafood?

● 난 너한테서 소식(things)을 직접 듣는 것을 좋아한다고 하려면
I like to hear things from you.

A: Do you like to buy Apple products?
B: Sure, they are as good as any other products.

A: 애플 제품을 사는 걸 좋아해?
B: 그럼, 다른 어떤 제품보다 처지지 않잖아.

like+N …가 좋아, 맘에 들어

A: How's your new boss? 새로운 사장 어때?
B: I like our new boss, she is such a joker! 새 사장이 좋아. 정말 재밌는 사람이야!

don't like~ …을 싫어하다(don't like sb to[~ing]는 sb가 …하는 것을 싫어하다)

A: I don't like you being here alone. Come stay with me.
네가 여기 혼자 있는게 싫어. 와서 나랑 있자.

B: I like living on the beach. 난 해변가에서 사는게 좋아.

would like to

…하고 싶어

써니쌤의 핵심강의 _____

평소의 기호가 아니라 지금 당장 갖고 싶거나 하고 싶은 것을 나타낼 때 사용하는 표현. 앞서의 like 의 경우 like to[~ing]가 가능했지만 would like to 다음에는 동사가 와야 한다. 물론 I would like+N처럼 명사가 이어 나올 수도 있다.

Point

I would like to~ …하고 싶어
I would like you to ~ 네가 …해주라
Would you like to~? …할래?
Would you like me to~? 내가 …할까?

SPEAK LIKE THIS

● 재미있어 보여서(look fun) 한번 해보고 싶다(try it)고 할 때
   It looks fun. I would like to try it.

● 내가 아니라 상대방이 내 파티에 오기를(come to my party) 바란다고 할 때
   I would like you to come to my party.

A: I would like to apply for the position in advertising.
B: What is your area of expertise?

   A: 광고에 난 자리에 지원하고 싶은데요.
   B: 전문분야가 뭐죠?

would love to …하고 싶어(I would love to, but~ 그러고 싶지만~)

A: Do you want to come with us for a drink tonight? 오늘밤 술한잔하러 우리랑 갈테야?
B: I would love to, but I have a lot to do. 그러고 싶지만, 할 일이 많아서.

I want to …하고 싶어(I want you to~ 네가 …하기를 바래)

A: I want you to get me a present. 너 나한테 선물 사줘.
B: Why should I do that? 왜 그래야 되는데?

be worth

…할 가치가 있다

써니샘의 핵심강의

be worth 다음에는 명사나 ~ing 형태가 온다. be worth it, be worth much, be worth considering 등을 보면서 익혀두기로 한다. worth의 형용사형인 worthy를 쓰면 be worthy of~라 하면 된다.

Point

be worth the risk 위험을 감수할 가치가 있다
be worth mentioning 언급할 가치가 있다
be worth a try 해볼 가치가 있다

SPEAK LIKE THIS

● 그건 그럴 가치가 없다고 생각해(I don't think~)라고 할 때
I don't think it's worth it.

● 대학교는 지불한 만큼 가치가 없다는 말이야?(Are you saying~?)라고 물을 때
Are you saying college isn't worth the expense?

A: I'm not so sure that's a good idea.

B: It may be worth a try.

    A: 그건 좋은 생각이라는 확신이 안서는데.
    B: 그래도 해봄직 할거야.

deserve~ …을 받을 만하다

A: You know what? I just got promoted. 저 말야. 나 승진했어.

B: Good for you! You deserve it. 잘됐네! 넌 자격이 있잖아.

deserve to~ …할 자격이 있다

A: You deserve to get the highest award. 넌 최우수상을 받을 자격이 있어.

B: I was just doing my job, sir. 전 그냥 제 일을 한 것뿐인데요.

be eager to

간절히 …하고 싶어하다

써니쌤의 핵심강의

뭔가 하고 싶은데 안달이 날 정도로 혹은 꼭 간절히 하고 싶을 때 쓰는 표현이 바로 be eager to 이다. eager 대신 dying을 써도 되고 아니면 그 유명한 can't wait to~를 써도 된다.

Point

I'm eager to~ 몹시 …하고 싶어
be very eager to~ 무척 …하고 싶어하다
be always eager to~ 항상 …을 기꺼이 하려 하다

SPEAK LIKE THIS

● 걔가 무척 집에 가고(get home) 싶어했다고 말할 때
  He was very eager to get home

● 걘 항상 내 친구들을 기꺼이 도와주려고(help out~) 한다고 할 때
  She's always eager to help out my friends.

A: I'm eager to start my vacation.
B: Where are you going?

A: 어서 휴가를 갔으면 해.
B: 어디 갈 건데?

get more

be dying to 몹시 …하고 싶어하다

A: I'm dying to go traveling again. 다시 여행 가고 싶어서 견딜 수가 없어.
B: When was the last time you went somewhere? 여행을 마지막으로 간 게 언제였는데?

can't wait to[for] 빨리 …하고 싶다

A: I can't wait for the school holiday. 빨리 방학이 되었으면 해.
B: What will you do with your free time? 방학 때 뭐 할건데?

have lunch with

…와 점심을 하다

써니샘의 핵심강의

have가 일반동사로 「…을 먹다」라는 의미로 쓰인 경우. 점심이나 저녁을 먹다라고 할 때 관사없이 바로 연결하고 have lunch[dinner]라고 하면 된다. 같이 식사를 하는 사람을 말할 때는 with sb를 붙이면 된다.

Point

have lunch[dinner] 점심[저녁]을 먹다
have dinner with …와 저녁을 먹다
have lunch together 함께 점심을 하다
I had dinner with~ 난 …와 저녁을 했어

SPEAK LIKE THIS

● 아내와 저녁을 먹으러 가야 된다(have to go have~)고 말하려면
I have to go have dinner with my wife.

● 상대방에게 나와 점심먹자고 물어볼(Would you like to~?) 때
Would you like to have lunch with me?

A: Do you have time to have dinner?
B: Not really, I think I must be going now.

　A: 저녁 먹을 시간 있어요?
　B: 실은 안 돼요. 지금 가봐야 될 것 같아요.

eat lunch[dinner] 점심[저녁]을 먹다

A: Where are you going to eat lunch? 어디가서 점심먹을거야?
B: There's a restaurant around the corner. 코너에 식당이 있어.

eat out 외식하다

A: Did you eat out last night? 어젯밤에 외식했어?
B: No, I cooked dinner at home. 아니, 집에서 저녁요리했어.

if you can

네가 할 수 있다면, 가능하다면

씨니쌤의 핵심강의 _____

상대방에게 어떤 부탁이나 제안을 하거나 충고를 할 때 조금 부드럽게 상대방을 배려하는 분위기를 내는 추임새. 「네가 할 수 있다면」, 「네가 가능하다면」이라는 의미이다. 영화제목인 Catch me if you can이 떠오르는 표현이다.

Point

~ if you can 가능하다면
Let me know if you can 가능하다면 내가 알려줘

SPEAK LIKE THIS

● 가능하다면 너도 똑같이 해보도록(do the same) 하라(I suggest S+V)고 제안할 때
I suggest you do the same if you can.

● 가능하다면 너 오늘 밤 집에 가지 않으면 좋겠어(I want you to~)라고 할 때
I want you to not go home tonight if you can.

A: What should I bring to class?
B: Bring a notebook computer, if you can.

A: 수업시간에 뭘 가져와야 돼?
B: 가능하면, 노트북 컴퓨터 가져와.

---

if possible 가능하다면(if that's possible 그게 가능하다면)

A: I'd like you to finish this as soon as possible. 가능한 한 빨리 이 프로젝트를 끝내 줘.
B: Alright, I'll get right on it. 그래, 잘 알았어.

as soon as possible 가능한 한 빨리(ASAP의 약자로 줄여쓰며 발음은 '에이섭'이라 한다)

A: When do you need the money? 돈이 언제 필요해?
B: I need it as soon as possible. 가능한 한 빨리 필요해.

be on the phone

통화중이다, 전화하고 있다

써니샘의 핵심강의

전치사 on은 통신상 연결되어 있다는 뜻으로 be on the phone하면 주어가 현재 통화 중이다, 전화를 하고 있다는 의미이다. 혹은 전화를 받고 다른 사람에게 「…에게 전화가 왔다」라고 말할 때도 be on the phone이라 한다.

Point

She's on the phone 걔 통화 중이야
I'm on the phone 나 전화하고 있어
talk on the phone 전화로 얘기하다

SPEAK LIKE THIS

● 잠깐만(hold on), 나 통화중이야라고 할 때
Hold on, I'm on the phone.

● 캐서린 어디 있어(Where is~?), 아버님 전화오셨다고 할 때
Where's Catherine? Her dad's on the phone.

A: I need to speak to your daughter.
B: She's upstairs, on the phone.

A: 따님과 얘기 좀 해야겠는데요.
B: 위층에서 통화중이예요.

be on the other line 다른 전화를 받고 있다

A: Can I speak to Susan? 수잔 좀 바꿔 주시겠어요?
B: I'm sorry she's on the other line right now. 지금 통화 중이신데요.

call one's cell phone …에게 핸드폰으로 전화하다

A: How can I reach you tomorrow? 내일 내가 어떻게 연락해?
B: Just call my cell phone. 그냥 핸드폰으로 전화해.

keep a secret

비밀을 지키다

써니샘의 핵심강의

keep a secret은 「비밀을 지키다」, 즉 누구에게도 비밀을 말하지 않더라는 의미. 또한 keep sth a secret 역시 sth을 「비밀로 하다」 「비밀을 지키다」라는 것으로 keep it a secret의 형태로 자주 쓰인다.

Point

promise to keep a secret 비밀을 지키기로 약속하다
keep sth a secret from sb …에게 비밀을 지키다

SPEAK LIKE THIS
- 내 동생(younger brother)은 비밀을 못지킨다고 할 때
  My younger brother can't keep a secret.

- 그게 사실이라면(if that's true) 그럼(then) 왜 그걸 비밀로 하는거야?라고 따질 때
  If that's true, then why keep it a secret?

A: Look, she can keep a secret.
B: You're sure?

A: 이봐, 걔는 비밀을 지킨다고.
B: 정말 확신해?

keep quiet about 비밀로 하다(keep sth quiet는 …을 비밀로 하다)
A: Keep quiet about my divorce. 내가 이혼한 거 비밀로 해.
B: I won't tell anyone about it. 아무한테도 말하지 않을게.

tell[reveal] a secret 비밀을 폭로하다, 비밀을 털어놓다
A: Jamie told me a secret. 제이미가 내게 비밀을 털어놨어.
B: Come on, what did he say? 그래, 뭐랬는데?

take a look at

…을 (쳐다)보다, 살펴보다

써니쌤의 핵심강의

take a look at은 look at과 같은 의미. 스마트시대에 역행하는 것 같지만 영어의 특성은 동사의 명사형을 목적어로 받아 긴 동사구로 사용하는 경향이 있는데, 이 경우가 그런 예이다. take a risk, take a nap 등이 그런 예이다.

Point

> **take a look (at~)** (…을) 쳐다보다, 보다
> **take a close look at** …을 자세히 보다
> **Let's take a look at~** …을 살펴보자
> **Mind if I take a look?** 한번 둘러봐도 돼?

SPEAK LIKE THIS

● 여기(around here) 좀 둘러봐도 괜찮을까요?라고 허락을 구할 때
  Do you mind if I take a look around here?

● 내가 고칠(fix) 수 있을 것 같아, 내가 한번 볼게라고 할 때
  I think I can fix it. Let me take a look.

A: Is the price on this computer correct?
B: Let me take a look at it. Yes, it's right.
   A: 이 컴퓨터에 붙어 있는 게 맞는 가격인가요?
   B: 한번 보죠. 네, 맞습니다.

look at …을 보다

A: Look at how big that diamond is. 이 다이아몬드 큰 것 좀 봐.
B: It must have cost a lot. 엄청 비쌌겠다.

Look at~ …을 좀 봐(Look you!는 애좀 봐, Look at this!는 이것 좀 봐)

A: Look at that crazy naked man on the street! 저기 거리에 벌거벗은 미친놈봐봐!
B: Oh, my God! What's his problem? 맙소사! 저 사람 왜 저런데?

work hard

열심히 일하다

써니쌤의 핵심강의 _____

hard는 형용사 부사 동일형으로 여기서는 부사로 열심히라는 의미로 쓰인 경우. 강조하려면 work harder라 하면 된다. 또한 hard worker에서 보듯 hard가 형용사로 「열심히 일하는,이라는 의미로도 쓰인다.

Point

You must work hard 너 열심히 일해야 돼
work hard all week 일주일 내내 열심히 일하다
You didn't work hard 넌 열심히 일하지 않았어
She's a hard worker 걘 열심히 일하는 사람이야

SPEAK LIKE THIS
- 토니는 열심히 일하는 것 같지 않아(I don't feel like~)라고 하고 싶으면
  I don't feel like Tony is working hard.

- 넌 열심히 일해야 돼. 날 실망시키지(let sb down) 마라고 할 때
  You have to work hard. Don't let me down.

A: It's time to tighten our belts and work harder.

B: I only hope it will help our future.

A: 긴축하고 더 열심히 일할 때야.
B: 그래서 우리 미래가 더 나아지길 바랄 뿐이야.

work late 야근하다(work late on~ …요일에 야근하다)

A: I have to work late tonight, honey. 자기야, 나 오늘 야근해야 돼.
B: Not again, this is the third time this week. 또야, 이번주 벌써 3번째야.

study hard 열심히 공부하다

A: Why did Bruce get the highest score? 어떻게 브루스가 1등을 한거야?
B: He spends his time studying hard. 걘 놀지않고 공부만 죽어라 해.

take a seat

자리에 앉다

써니샘의 핵심강의

상대방에게 자리에 앉으라고 할 때 많이 사용되는 표현. 주로 명령문 문장으로 쓰인다. take 대신 동사를 바꿔 have a seat이라고 해도 된다.

Point

Please, take a seat 자리에 앉아요
Everybody, take a seat 다들, 자리에 앉아요

SPEAK LIKE THIS

● 자리에 앉아요. 의사선생님이 곧 진찰하실(see sb) 겁니다는
Take a seat. The doctor will see you soon.

● 긴장 좀 풀고(relax and~) 자리에 앉아라고 할 때
Just relax and **take a seat.**

A: God, I'm so tired right now.
B: **Take a seat** for a few minutes.

A: 맙소사, 나 지금 너무 피곤해.
B: 잠시 자리에 앉아.

get more

Is this seat taken? 이 자리에 누가 있나요?

A: **Is this seat taken?** 이 자리 임자 있나요?
B: I'm sorry, but my friend is sitting there. 죄송하지만 내 친구 자리인데요.

sit down 자리에 앉다(sit down and do~ 앉아서 …하다)

A: I'd like to see Mr. Franks. 프랭크 씨를 만나고 싶어요.
B: **Sit down** and I'll find him for you. 앉아계시면 제가 찾아볼게요.

wait for

…을 기다리다

써니쌤의 핵심강의 _____

「…을 기다리다」라는 뜻으로 for 다음에는 사람이나 사물이 올 수 있다. 혹은 wait for a week처럼 기다리는 기간을 나타내는 단어가 오기도 한다.

Point

wait for a week 일주일 기다리다
Wait for me 기다려봐

SPEAK LIKE THIS

● 너무 오래동안 기다리게 해서(keep sb waiting for~) 미안하다고 할 때
I'm sorry to have kept you waiting for so long.

● 거실(the living room)에서 기다릴게 라고 말하려면
I'll be waiting for you in the living room.

A: Could you wait for me in my office?
B: Sure. I'll go and make myself comfortable.

A: 사무실에 가서 날 기다려주겠니?
B: 알았어. 내가 가서 편안하게 있을게.

wait for sb[sth] to~ …가 …하기를 기다리다

A: Should I call Judy? 주디에게 전화해야 될까?
B: No, wait for her to call you. 아니, 걔가 너한테 전화하기를 기다려.

look forward to …을 기대하다(to 다음에는 명사나 ~ing가 온다)

A: I'm looking forward to our vacation. 방학이 무척 기다려져.
B: We should have a great time. 재미있을거야.

tell a lie

거짓말하다

써니쌤의 핵심강의 _____

take a look처럼 이 또한 lie 동사의 명사 용법을 활용하며 tell a lie라고 말하는 경우로 결국 lie 와 같은 말이다. 거짓말하는 사람을 말하려면 tell a lie to sb, 거짓말 내용을 언급하려면 tell a lie about sth이라고 하면 된다.

Point

Never tell a lie 거짓말은 절대 하지마라
That's a lie! 그건 거짓말이야!

SPEAK LIKE THIS

● 난 거짓말 하지 않겠다고 약속할게(promise to~)라고 다짐할 때
I promise not to tell a lie.

● 난 곤란해질거야(be in trouble). 사장에게 거짓말했거든이라고 할 때
I will be in trouble. I told a lie to my boss.

A: Why did you break up with your boyfriend?
B: He told a lie about where he was.

   A: 왜 네 남친과 헤어진거야?
   B: 어디 갔었는지 거짓말해서.

get more

lie to sb …에게 거짓말하다(Don't lie to me!는 내게 거짓말매라는 암기 문장)
A: Why did you lie to me about working here? 왜 여기서 일하는 걸 내게 거짓말한거야?
B: Because I was ashamed. 쪽 팔려서.

tell the truth 사실을 말하다(to tell you the truth는 사실대로 말하면이라는 의미)
A: What should I tell Chris? 크리스한테 뭐라고 하지?
B: You better tell him the truth. 사실대로 말하는 게 좋을거야.

take a break

잠시 휴식을 취하다

써니샘의 핵심강의

모든 사람들이 좋아하는 표현. coffee break에서 보듯 break는 뭔가 하다가 잠시 중단하는 것, 즉 휴식을 취하는 것을 뜻한다. have a break는 휴식을 갖다.

Point

Let's take a break 잠시 쉬자
take a break from~ …로부터 잠시 쉬자

SPEAK LIKE THIS

● 우리는 11시에(at~) 휴식을 취할거야는
We'll take a break at 11 o'clock.

● 나와 같이 휴식을 취할래?라고 물어볼 때
Would you like to take a break with me?

A: How often do you take a break?
B: Once every few hours.

　　A: 얼마나 자주 쉬어?
　　B: 몇시간 마다.

have a break 휴식을 갖다

A: It has been a very busy day. 정말 무척 바쁜 날이었어.
B: That's for sure. I haven't had a break. 정말 그래. 잠깐 쉬지도 못했었어.

coffee break 커피타임

A: Where are Randy and Helen? 랜디와 헬렌은 어디있어?
B: They are off on a coffee break. 커피타임하면서 쉬고 있어.

look familiar

낯이 익다

써니쌤의 핵심강의

어디선가 본 적이 있어 그 모습이 익숙하다는 의미. look[be] familiar to sb하면 「…에 친숙하다」 be familiar with sth하게 되면 「…에 익숙하다」, 「…을 잘 알다」라는 뜻의 표현이 된다.

Point

It sounds familiar 친숙해보이다
be[look] familiar to sb …에 익숙하다
be familiar with sth …을 잘 알고 있다(*look familiar with는 틀린 표현임)

SPEAK LIKE THIS
- 우리 만난 적 있나요?(Have we met?) 낯이 익은데요라고 작업걸 때
  Have we met? You look familiar to me.

- 이 공예품(artwork)은 어디서 본 것 같아라고 말할 때
  This artwork looks familiar to me.

A: This TV show looks familiar to me.
B: We watched it together a few months ago.
   A: 이 TV 프로그램은 본 것 같은데.
   B: 몇 달 전에 함께 봤어.

look interesting 흥미로와 보이다(look okay는 괜찮아 보이다)
A: The new TV program looks interesting. 새롭게 시작한 TV프로그램이 흥미로와 보여.
B: I know. I'm going to watch it. 알고 있어. 그거 볼려고.

look as if S+V …인 것처럼 보인다
A: Gina looks as if she is angry. 지나는 화가 난 것처럼 보여.
B: She was just fired from her job. 직장에서 잘렸거든.

even though

비록 …일지라도

써니샘의 핵심강의

양보의 접속사인 though를 강조한 표현으로, 안 좋은 상황에서도 뭔가 일을 제대로 했을 경우를 말할 때 좋은 구문이다. 다시 말해서 「비록 …하지만」(even though~)을 언급한 다음에 그럼에도 해낸 일을 말하면 된다.

Point

Even though he's impotent, 걔는 발기불능일지라도,
Even though you lied to me, 네가 비록 내게 거짓말을 했지만,
Even though I live alone, 비록 내가 혼자 살아도,

SPEAK LIKE THIS

● 비록 짐이 늦잠을 잤지만(wake up late), 탈 버스를 제 시각에 탔다고 할 때
Even though Jim woke up late, he caught his bus on time.

● 비록 파티날 저녁에(on the night of the party) 비가 왔지만 그래도 난 무척 재밌었어라고 말하려면
Even though it rained on the night of the party, I still had a lot of fun.

A: Even though we lost the competition it was a lot of fun.

B: Are you going to enter again next year?

A: 비록 우린 시합에서 졌지만 굉장히 즐거웠어요.
B: 내년에도 참가할 거예요?

even if 비록 …하더라도

A: It's snowing outside. 밖에 눈이 내려.
B: I'll go to work even if it snows a lot. 폭설이 내려도 난 출근할거야.

A: Are you really quitting this job? 너 정말 이 직장을 그만둘거야?
B: Yeah, I'm quitting even if they offer a higher salary.
어, 급여를 더 준다고 제의하더라도 그만둘거야.

be famous for

…로 유명하다

써니샘의 핵심강의

잘 알려진 표현으로 be famous는 유명하다, for 이하에는 유명한 이유를 말하면 되는 표현. 조금은 어렵지만 be noted for도 같은 의미. 반대는 be notorious for가 있다. 모두 for 다음에는 명사나 ~ing을 이어쓰면 된다.

Point

be famous for …로 유명하다
be noted for …로 명망있다
be notorious for …로 악명높다

SPEAK LIKE THIS

● 걔는 농구를 잘하는(play basketball) 것으로 유명하다고 할 때
He is famous for playing basketball.

● 새라는 소설을 쓰는(write novels) 것으로 잘 알려져 있다고 할 때
Sara is famous for writing novels.

A: Why are people taking photos of that man?
B: He's famous for acting in movies.

A: 왜 사람들이 저 남자 사진을 찍는거야?
B: 그 사람은 영화배우로 유명해.

be known for …로 알려져 있다, 유명하다(be known to do는 주어가 …하는 것으로 알려져 있다)

A: I love eating at this restaurant. 난 이 식당에서 먹는 게 좋아.
B: It's known for delicious food. 음식이 맛나기로 잘 알려져 있어.

be popular with …에게 인기가 좋다

A: Rachel is popular with everyone. 레이첼은 모든 사람들에게 인기가 좋아.
B: I know. People love her. 나도 알아. 사람들이 걜 좋아하지.

be tired

피곤하다

써니쌤의 핵심강의

기본표현으로 be tired를 쓰는데 be 대신에 get이나 feel, sound을 써도 된다. 단 주의할 점은 be tired of~형태로 쓰면 「지겹다」「짜증나다」라는 뜻이 된다.

Point

You must be tired 피곤하겠구나
I'm ready to go because I'm so tired 넘 피곤해서 가야겠어
I'm getting a little tired of this 이게 점점 지겨워진다

SPEAK LIKE THIS

● 나 좀 내버려 둬.(leave sb alone) 피곤하다고 할 때
Leave me alone. I'm tired.

● 그 여자는 퇴근 후에(after work) 피곤했어라고 할 때
She was tired after work.

A: Hey Joe, you sound tired.
B: I know. I've been awake all night.
　A: 야, 조, 너 목소리 피곤해 보인다.
　B: 알아. 밤샜거든.

be tired of~ 지겹다, 짜증나다

A: I'm really tired of working. 난 정말이지 일하는게 지겨워.
B: Okay. It's possible to come back tomorrow. 좋아. 내일 돌아와도 돼.

be[look] exhausted 무척 지치다[지쳐보이다]

A: You look so exhausted. 매우 지쳐 보여.
B: I'm getting nowhere with this report. 보고서를 작성하는게 잘 안돼.

put up with

…을 참다

써니쌤의 핵심강의

맘에 안들지만 인내심을 발휘하여 참고 받아들인다는 의미의 표현. 역시 기본표현으로 endure, tolerate와 동일한 의미로 많이 학습하였을 것이다. with 다음에는 사람이나 사물이 온다. be patient와 차이점은 put up with는 짜증나는 사람이나 상황을 참는 것이고 be patient는 화를 내거나 다급해하지 않고 일정기간 참고 기다리다라는 점이다.

Point

I put up with it because~ …때문에 그거 참는거야
You have to put up with~ …을 참아야 돼
You have to put up with sb ~ing …가 …하는 것을 참아야 돼
How do you put up with~? 어떻게 …을 참아?

SPEAK LIKE THIS

● 상대방에게 이걸 참을 필요는 없다(don't have to)고 할 때
You don't have to put up with this.

● 우리는 너를 사랑하기 때문에 그걸 참아냈다고 말할 때
We just put up with it because we love you.

A: How do you put up with him?
B: I just don't take him seriously.

A: 너 어떻게 그 사람에 대해 참을 수 있니?
B: 난 그냥 그 사람을 심각하게 받아들이지 않으니까.

be patient 너무 조급하지 않다, 참다

A: Where is Celine? 셀린은 어디있어?
B: Be patient, she'll be here soon. 진전해. 걔 곧 여기 올거야.

have patience 참다, 인내심을 갖다

A: I don't mind waiting for you. 너 기다리는거 난 괜찮아.
B: I'm glad you have patience. 너 인내심이 있어서 좋네.

at first

처음에는

씨니쌤의 핵심강의

현재와 반대되는 초기시점의 이야기를 말할 때 사용하는 문구로 at first는 「처음에」라는 의미. 비슷한 at the beginning은 「맨처음에」라는 뜻으로 at the beginning of ~(의 초에)라는 형태로 주로 쓰인다.

Point

I didn't believe it, at first 첨에는 그걸 못믿었어

I was angry at first 첨에는 화가 났었어

SPEAK LIKE THIS

● 처음에는 아무도(No one~) 그 문제를 몰랐다고 할 때

No one saw the problem at first.

● 처음에는 이해를 못했는데(not get it), 나중에 이해했다(figure it out)라는 말을 할 때

I didn't get it at first, but then I figured it out.

첨엔 나도 몰랐는데 나중에 이해했어.

A: Do you like studying English?

B: I liked it at first, but it became more difficult.

A: 너 영어공부하는거 좋아해?

B: 처음에는 좋아했는데 점점 어려워지네.

---

in the first place 우선, 먼저, 애당초, 첫째로

A: I hate my apartment. 난 내 아파트가 싫어.

B: In the first place, you need to move. 먼저, 너 이사가야 되겠다.

to start with 처음으로, 우선(중요성)

A: What are we going to do today? 오늘 우리 뭐할까?

B: To start with, we'll clean the kitchen. 우선, 부엌을 깨끗이 치우자.

be good at

…을 잘하다

써니샘의 핵심강의

참 쉬운 말인데 막상 영어로 하려면 do well만 머리 속에 떠오르며 안절부절 하는 경우가 많을 것이다. 피아노를 잘 친다든지 토론을 잘한든지 등 뭔가에 유능하다고 할 때는 be good at~을 쓰면 된다. 반대로 영 엉망이다. 젬병이다라고 할 때는 be not good at 혹은 be poor at~을 쓴다. at 다음에는 명사나 ~ing을 이어쓰면 된다.

Point

I'm not good at this 난 이거 잘 못해
I'm not good at using computers 난 컴퓨터를 잘 사용하지 못해
You're really good at it 너 그거 정말 잘한다

SPEAK LIKE THIS

● 케인은 돈을 버는데(make money) 아주 유능하다고 할 때
Kane is good at making money.

● 미안, 난 과학을 가르치는데(teach science) 유능하지 않다고 말할 때
Sorry. I am not good at teaching science.

A: Your brother is a great baseball player.
B: He's good at most sports.

A: 네 형은 정말 훌륭한 야구선수야.
B: 형은 모든 운동을 잘해.

be great at …을 아주 잘하다

A: What do I do now? 이제 나 뭐해야 돼?
B: You do what you're great at. 네가 잘하는 것을 해.

be terrible at …에 아주 젬병이다

A: I'm terrible at making choices. 난 선택을 잘 못해.
B: I wish I could help you, but decision making is not my thing either.
도와주고 싶지만 나 역시 결정을 잘 못내려서 말야.

take it easy

진정하다

써니쌤의 핵심강의

그것을 쉽게 하라는 말로 좀 흥분되고 들뜬 상대방을 진정시키기 위해 하는 말로, 진정하고, 좀 쉽게 그리고 천천히 일을 할 생각해보라는 뉘앙스를 갖고 있다. 또한 헤어질 때 Take it easy!하면 "잘지내"라는 인사말이 된다.

Point

Take it easy and do~ 진정하고 …해
Take it easy! 잘 지내!

SPEAK LIKE THIS

- 진정해, 너무 화내지(get upset) 마라고 달랠 때
  Take it easy, don't get so upset.

- 진정하라구. 걔네들은 우리없이 떠나지 않을거야(be not going to leave)라고 하려면
  Take it easy. They're not going to leave without us.

A: I'm looking forward to getting to know you.
B: Take it easy. We have a lot of time.

　A: 널 빨리 알게 되고 싶어.
　B: 진정하라고, 우리 시간이 많잖아.

Easy does it 조심히 천천히 해

A: I need to hurry and finish. 난 서둘러 끝내야 돼.
B: Easy does it, we'll be done soon. 천천히 해, 곧 끝날거야.

Easy, easy 살살(물건 이동시)

A: Come on, push this mirror out of the way. 이봐요, 이 거울 좀 치워요.
B: Easy, easy! You're going to break it! 살살 해요! 깨겠어요!

make a mistake

실수하다

써니쌤의 핵심강의 ────────────

mistake를 동사로 쓰면 되는데 앞에서도 말했듯이 명사형을 이용한 동사구를 더 좋아하여, make a mistake라 한다. 작은 실수를 했을 때는 make a little mistake, 큰 실수를 했을 때는 make a huge mistake라 한다.

Point

I made a mistake. I admitted it 내가 실수했어. 인정해
You made a mistake 네가 실수한거야
make a mistake ~ing …하는 실수를 하다

SPEAK LIKE THIS
- 내가 실수를 해서 숙제를 가져오지(bring) 못했다고 말할 때
  I made a mistake and didn't bring my homework.

- 네가 실수하게 되면 후회하게 될거야(be sorry)라고 말할 때
  You'll be sorry if you make a mistake.

A: I think that you made a mistake here.
B: No I didn't. I'm sure about that.

  A: 너 여기 실수한 것 같은데.
  B: 아냐, 실수하지 않았어. 그거 확신해.

by mistake 실수로

A: I told you not to invite Chris! 크리스는 초대하지 말라고 했잖아!
B: I'm sorry, I sent him an invitation by mistake. 미안, 실수로 초대장을 보냈어.

My mistake 내 잘못이야(My bad 역시 내가 잘못했어, 내가 실수했어라는 표현)

A: Did you spill water on my computer? 내 컴퓨터에 물 흘렸어?
B: My mistake. I'm so sorry. 내가 실수했어. 정말 미안해.

until now

지금까지

써니쌤의 핵심강의 _____

시간 관련 부사구로 until now는 과거부터 지금까지 뭔가 행동이 계속 이루어졌을 때, 반면 by now는 지금까지의 연속적인 시간은 상관없는 표현으로, 「지금쯤은」, 「이제」라는 뜻이 된다.

Point

until now 지금까지
by now 지금쯤은
to date 지금까지

SPEAK LIKE THIS

● 난 지금까지 걔를 만난(meet sb) 적이 없다고 할 때
I hadn't met her until now.

● 걔는 지금까지 학교를 다니고(attend school) 있다고 할 때
She was attending school until now.

A: What have you been doing?

B: Until now, I was cooking some dinner.

A: 뭐하고 있었어?
B: 지금까지, 저녁요리 좀 하고 있었어.

get more

for now 지금으로서는, 당장은

A: What're you going to do next? 이젠 뭐할거야?
B: I don't have any plans for now. 지금으로선 아무 계획이 없어.

so far 지금까지

A: How are you enjoying your vacation? 어떻게 휴가 잘 보내고 있어?
B: It's been wonderful so far. 지금까지는 끝내줬어.

1

A: The wedding cake looks absolutely delicious!

B: I am _____ for a piece.

A: You're just going to have to wait _____ the bride and groom _____ cut the cake.

B: I guess we can't break the tradition.

A: 그 웨딩케익 끝내주게 맛있어 보이는데!

B: 한 조각 먹고 싶어 죽겠구만.

A: 신랑신부가 케익을 자를 때까지 기다려야 할 걸.

B: 전통을 깰 순 없지.

2

A: How can I help you?

B: I would _____ _____ order 5 tickets to the boat cruise tonight.

A: I'm sorry, but we are all sold-out for tonight.

B: Oh well, thank you anyway.

A: 뭘 도와드릴까요?

B: 오늘밤 보트 여행 티켓 5장을 주문하고 싶은데요.

A: 죄송하지만 오늘밤 티켓은 모두 매진됐습니다.

B: 아 그래요, 어쨌든 고맙습니다.

3

A: Thanks a lot for the great meal!

B: I'm glad you enjoyed it, you'll _____ _____ come again.

A: Oh, I'd _____ to.

B: Maybe next week sometime… I'll let you know later.

A: 근사한 식사 정말 잘 먹었어!

B: 그랬다니 나도 기뻐. 다음에 또 와야 돼.

A: 어, 그러고 싶지.

B: 다음 주 쯤에 한번… 나중에 알려줄게.

4

A: I doubt that they'll know what to do.

B: They might surprise you with what they know.

A: I guess it's _____ _____ try.

B: Let's hope they can figure it out.

A: 걔네들이 어떻게 해야 되는지도 모를 것 같아 .

B: 걔네들이 알고 있어서 네가 놀랄 수도 있잖아.

A: 그래, 한번 시도해보는 것도 괜찮겠지.

B: 걔네들이 알아내기를 기대해 보자구.

5 A: Do you have time to _____ _____?

B: Not really, I think I must be going now.

A: That's too bad. I was hoping you'd stay for dinner.

B: Maybe next time.

A: 저녁 먹을 시간 있어?

B: 실은 안돼. 지금 가봐야 될 것 같아.

A: 안됐네. 남아서 식사하시기를 바랬는데.

B: 다음 기회에 하자.

6 A: I am not _____ _____ in management.

B: Why do you say that?

A: The meeting last night didn't go very well.

B: If at _____ you don't succeed, try, try again.

A: 난 경영에 소질이 없나 봐.

B: 왜 그런 말을 해?

A: 어젯밤 회의가 그다지 성공적이지 못했어.

B: 처음에는 잘 안되더라고. 계속 시도해야지.

7 A: Is the price on this TV correct?

B: Let me take _____ _____ at it. Yes, it's right.

A: Wow, that's a steal!

B: It is, and it's the last one in the store.

A: 이 TV에 붙어 있는 게 맞는 가격인가요?

B: 한번 보죠. 네, 맞습니다.

A: 와, 이거 정말 싸네요.

B: 네, 가게에 하나 밖에 안 남았어요.

8 A: You're a loser!

B: I'm _____ _____ you being so critical.

A: Sorry, I didn't mean that.

B: I guess you're a little stressed out right now.

A: 야, 너 참 바보구나!

B: 그렇게 싫은 소리만 해대는 데 나 진절머리나.

A: 미안. 그럴 의도는 아니었어.

B: 지금 너 스트레스 좀 받은 것 같아.

Answers

---

1. (am) dying for 몹시 …하고 싶다, wait (for sb to) …가 …하기를 기다리다   2. (would) like to …하고 싶다   3. have to …해야 한다, (would) love (to) …하고 싶다   4. worth a (try) 해볼 가치가 있다   5. have dinner 저녁을 먹다   6. (am not) so good (at) …에 익숙하지 않다, (at) first 먼저   7. (take) a look (at) 보다   8. (am) tired of 지겹다

왜 안썼나
후회되는 표현들

I guess we'll have to star over again.

Chapter

3

064-112

I'm not sure about the weather tomorrow.

Would you like to go out to lunch with me?

I don't know when he will come back.

get together

만나다

써니쌤의 핵심강의

informal한 영어에서 「만나다」라는 의미로 캐주얼한 표현. 만나는 사람을 구체적으로 언급할 때는 'get together with + 만나는 사람'을 말하고, 「만나서 …을 하다」라고 하려면 get together and do~의 형태로 쓴다. get-together라는 형태로 명사로도 쓰인다.

Point

Let's get together after~ …후에 만나자
get together for a drink 만나서 술을 마시다
I'd like to get together with~ …와 만나고 싶어

SPEAK LIKE THIS

● 네가 시간이 되면(if you have time) 오늘 너와 만나고 싶다고 말할 때
I'd like to get together with you today if you have time.

● 이번 주말(this weekend)에 우리 만날까라고 물어볼 때
Are we going to get together this weekend?

A: Well, it was nice talking to you.
B: You too. Let's get together again soon.

A: 저기, 너와 얘기 나누어서 좋았어.
B: 나도 그래. 곧 다시 한번 만나자.

have a get-together 만나다

A: We're having a get-together Saturday. 우리 토요일 날 만나지.
B: I'll come to it. 그렇게 하자.

meet (with) 만나다

A: Why are you so nervous? 왜 그렇게 초초해 하는거야?
B: I have to meet with my boss. 사장과 만나야 돼.

be busy with

…으로 바쁘다

써니샘의 핵심강의

busy만 알아서는 회화문장을 만들기에 부족하다. 「바쁘다」라는 be busy의 형태로 알아두어야 되며, 한 단계 더 나아가 바쁜 이유를 말할 때는 be busy with~나 be busy ~ing로 표현한다는 것까지 알아두어야 제대로 된 영어문장을 만들 수 있게 되는 것이다.

Point

be busy with~ …로 바쁘다
be busy ~ing …하느라 바쁘다
I have been pretty busy 무척 바빴었어

SPEAK LIKE THIS

● 그들이 업무얘기하는라 바쁜 동안 내가 널 가게로 데려갈게(take sb to)라 할 때
While they're busy talking business, I'll take you to the store.

● 간호사가 지금 환자를 보느라 바쁘지만 곧 얘기나눌(be available) 수 있다고 할 때
The nurse's busy with a patient now, but will be available soon.

A: What is our plan for tonight?
B: We'll be busy. We have a lot of work to do.

A: 오늘 밤 우리 뭐 해?
B: 바쁠거야. 할 일이 무척 많아.

be tied up 바빠 꼼싹달싹 못하다

A: Can you help me out? 나 좀 도와줄래?
B: Sorry, I'm tied up right now. 미안, 나 지금 엄청 바빠.

be tied up all day 온종일 바빠 꼼짝달싹 못하다

A: Did Anne go out to lunch? 앤이 나가서 점심먹었어?
B: No, she's been tied up all day in the office. 아니, 종일 사무실에서 꼼짝달싹 못하고 있어.

if you don't mind

괜찮다면

써니쌤의 핵심강의

상대방에게 자기 행동의 양해내지는 이해를 구할 때 사용하는 표현. 즉, 「내가 …을 해도 상대방이 괜찮은지」 물어보는 표현이다. 부정형태인 if you don't mind가 이렇게 쓰이는 이유는 mind 자체가 …을 꺼리다라는 부정적인 내용을 담고 있기 때문이다.

Point

Yes, if you don't mind 예, 괜찮다면요
If you don't mind, I'd like to~ 괜찮다면, …하고 싶어
I'm going to ~, if you don't mind 괜찮다면 난 …할거야

SPEAK LIKE THIS

● 괜찮다면, 내가 할 일이 많아(have a lot of work)서요라고 할 때
If you don't mind, I have a lot of work to do.

● 괜찮다면, 음식 좀 사가지고(get some food) 올게라고 말할 때
If you don't mind, I'm going to get some food.

A: Would you like to stay longer?
B: If you don't mind, I'm ready to leave.
A: 더 있다 갈래?
B: 괜찮다면, 그만 가려고.

If it's okay with you 괜찮다면
A: If it's okay with you I'll take tomorrow off. 괜찮으면 내일 쉬고 싶은데요.
B: Let me check the schedule. 일정 좀 보고.

if it's alright 괜찮으면
A: If it's all right, I'm going to bed now. 괜찮으면 나 지금 잘래.
B: Sure, I'm getting sleepy too. 그래, 나도 졸립다.

make a decision

결정을 하다

써니샘의 핵심강의 _____

앞서 설명했다시피 영어에서는 한 단어로 사용하는 것보다는 해당동사의 명사형을 사용해서 만든 동사구를 선호하는 경우가 많다. make a decision을 따라서 한 단어로 하면 decide.

Point

make a huge decision 큰 결정을 하다
make a decision about[on] …에 관한 결정을 하다
make a decision to+동사 …하기로 결정하다

SPEAK LiKE THiS

● 넌 이 문제에 대해(on this matter) 결정을 해야 된다고 충고할 때
You must make a decision on this matter.

● 스미스 씨가 채용하는 문제에(about hiring someone) 대해 결정을 했어?라고 물어볼 때
Has Mr. Smith made a decision about hiring someone?

A: Why did you start dieting?
B: I made a decision to lose some weight.

A: 다이어트를 왜 시작했어?
B: 살 좀 빼기로 결심했어.

decide to …하기로 결정하다

A: I'm not sure if I want to move. 내가 이사하고 싶은 건지 잘 모르겠어.
B: I hope you decide to stay here. 이사하지 않기로 결정하기를 바래.

make up one's mind 결심하다

A: Are you ready to order? 주문하시겠어요?
B: I haven't made up my mind yet. What do you suggest?
아직 결정을 못했는데요. 당신은 뭘 추천하시겠어요?

play computer games
컴퓨터 게임을 하다

써니쌤의 핵심강의 ────────────────

운동(play tennis)나 악기연주(play the piano) 뿐만 아니라 컴퓨터 게임을 한다고 할 때도 play를 써서 play computer games라 한다. 핸드폰으로 게임을 한다고 할 때는 play games on one's phone이라고 하면 된다.

Point

play games on one's phone 핸드폰으로 게임을 하다
play cards 카드 게임을 하다

SPEAK LIKE THIS
- 아들이 너무 많은 컴퓨터 게임을 해서 걱정된다(be worried)고 할 때
  I'm worried that my son plays too many computer games.

- 매일(every day) 컴퓨터 게임을 하지 않을 수 없다(can't help ~ing)고 토로할 때
  I can't help playing computer games every day.

A: Why do you look so tired?
B: I was up for hours playing computer games.

  A: 왜 그렇게 피곤해 보여?
  B: 밤새고 컴퓨터 게임을 했거든.

play the piano[violin] 피아노(바이올린)를 치다
A: Is your daughter studying music? 네 딸 음악공부해?
B: She is studying to play the piano. 피아노 공부하고 있어.

play music 음악을 틀다(play MP3는 MP3파일을 틀다)
A: Why don't we play some music? 음악 좀 틀자.
B: Sure, I'll turn on my MP3 player. 그래, 내 MP3 플레이어를 틀게.

leave for

…로 출발하다

써니쌤의 핵심강의 _____

leave의 다양한 의미 중 가장 기본적인 것으로 leave for 다음에 장소나 파티 등의 행사명이 나오면 「…을 향해, …하러 출발하다」라는 뜻이 된다. for를 빼고 leave Boston하면 전혀 반대로 보스턴을 떠난다는 뜻이 된다.

Point

leave for home 집으로 출발하다
leave for the party 파티에 가다
leave from ~ …에서 출발하다, 떠나다

SPEAK LIKE THIS

● 제인은 네가 맘을 바꾸기(change one's mind) 전에 뉴욕으로 출발하기를 원해는
Jane wants to leave for New York before you change your mind.

● 걔네들은 결혼식장에 갈 준비를 하고(prepare to) 있다고 하려면
They are preparing to leave for the wedding.

A: Why are you packing suitcases?

B: I need to leave for Tokyo in the morning.

A: 왜 짐가방을 싸고 있어?
B: 아침에 토쿄로 출발해야 돼.

leave+장소 (leave the room은 방에서 나가다, leave the office는 퇴근하다)

A: I thought that you already left the office. 난 네가 벌써 퇴근한 줄 알았는데.

B: No. I was finishing up the report. 아냐. 보고서를 마무리하고 있었어.

set out for 출발하다(start for나 head for 역시 …을 향해 출발하다)

A: Let's head for the bar, I need a drink! 바에 가자, 술 한잔 해야겠어!

B: I can't, I have a date. 안돼, 나 데이트있어.

take a English lesson
영어수업을 듣다[수강하다]

써니쌤의 핵심강의

take[have] a lesson은 「수업을 받다」라는 의미로 구체적으로 무슨 수업인지를 말하려면 lesson 앞에서 수업의 내용을 말해주면 된다. 「영어수강」은 English lesson, 「요가강좌」는 yoga lesson이라고 하면 된다. 동사를 바꿔 teach sb a lesson하면 「sb를 혼내서 본 때를 보여주다」라는 의미가 된다.

Point

take a yoga lesson 요가수업을 받다
teach sb a lesson 본 때를 보여주다
learn a lesson 교훈을 얻다

SPEAK LIKE THIS

● 상대방에게 학교에서(at the school) 영어수업을 들으라고 할 때
You can take an English lesson at the school.

● 저녁마다(in the evenings) 요리강습을 받는다고 할 때
I take cooking lessons in the evenings.

A: Where is Lisa tonight?
B: She's taking yoga lessons with her friends.

A: 오늘 밤에 리사가 어디 있는거야?
B: 친구들과 요가강습을 받고 있어.

take a course[class] …수업을 받다

A: I'd like to take a computer course. 컴퓨터 강습을 받고 싶어.
B: I can teach you how to use computers. 내가 컴퓨터 사용법을 알려줄게.

learn to~ …하는 법을 배우다

A: Where did you learn to do that? 그거 하는 법을 어디서 배운거야?
B: My mom taught me how to do it. 엄마가 그 방법을 알려주셨어.

in time

늦지 않게

써니샘의 핵심강의 _____

in time은 「늦지 않게」(early or soon enough) 혹은 「때를 맞춰」라는 뜻이며, 이와 함께 항상 나오는 on time은 「정각에」(at the exact time)이라는 의미로 on punctual로 바꿔 쓸 수 있다.

Point

just in time for …하는 시간에 맞춰서

SPEAK LIKE THIS
- 넌 절대로 제 시간에 면접에 도착할(get to the interview) 수 없을거야는
  You'll never get to the interview in time.

- 우리는 늦지 않게 도착해서 전철을 탔다(catch the subway)고 할 때
  We got there in time to catch the subway.

A: What time does the show start?
B: It begins at eight. Do you think you can get ready in time?

A: 그 프로 몇 시에 시작하지?
B: 8시에. 시간 맞춰 준비할 수 있겠어?

on time 정각에

A: We're on our way to the airport to pick up the boss. 사장님 모시러 공항가는 길야.
B: Did you check to see if his flight is arriving on time?
비행기가 정시에 도착하는지 알아봤니?

in time to do …하는데 늦지 않게

A: I got to class in time to take the exam. 난 시험보는데 늦지 않게 교실에 도착했어.
B: Do you think you'll get a good grade? 점수가 잘 나올거라 생각해?

take care of

…를 돌보다, …을 처리하다

써니쌤의 핵심강의 _____

take care of sb는 sb를 「돌보다」로 초보자도 알고 있는 표현, 중급자는 take care of sth이 「일이나 사무를 처리하다」(deal with)라는 뜻으로 쓰인다는 것까지 이해하고 있을거고, 마지막으로 take care of sb가 sb를 「죽이다」라는 속어까지 알고 있다면 고급자.

Point

Take care! 잘 개!
Let me take care of it 나한테 맡겨
take care of the bill 계산하다
take care of oneself 자기 자신을 돌보다

SPEAK LiKE THiS

● 상대방보고 외출할 때(while you're out) 딸을 돌봐주겠다고 할 때
I'll take care of your daughter while you're out.

● 크리스가 그것을 기꺼이(be willing to) 처리하겠다고 말했다고 할 때
Chris said he'd be willing to take care of that.

A: I can't find the time to make a dentist appointment.
B: Let me take care of it for you. You're too busy.

A: 치과에 전화 예약할 짬이 안나.
B: 나한테 맡겨. 넌 너무 바쁘잖아.

look after 돌보다, 보살피다

A: Why are you staying home? 왜 집에 있는거야?
B: I have to look after my grandmother. 할머니를 돌봐야 돼.

deal with 처리하다

A: I have a big problem. 큰 문제가 생겼어.
B: How will you deal with it? 어떻게 처리할건데?

look like

···인 것 같아, ···한 것 같아

써니샘의 핵심강의 _____

look like~는 「···처럼 보인다」라는 뜻으로 주로 (It) Look like 다음에는 명사나 주어+동사의 절
이 온다. 뭔가 단정적으로 말하지 않고 조심스럽게 말하기 위한 표현법이다.

Point

It looks like fun 재미있는 것 같아
Looks like it 그럴 것 같아

SPEAK LIKE THIS
- 걔가 내게 거짓말 한(lie to sb) 것 같아는
  It looks like she lied to me.

- 걔가 태미와 헤어질(break up with) 것 같다고 말할 때
  It looks like he's going to break up with Tammy.

A: Well, it looks like winter is finally here!
B: Yeah, this is one of my favorite seasons!

A: 야, 드디어 겨울이 온 것 같군!
B: 그래, 내가 제일 좋아하는 계절이지!

seem like~ ···한 것 같아(like 뒤에는 명사나 절 등이 다양하게 올 수 있다)

A: It seems like that I have lost my car key. 자동차 열쇠를 잃어버린 듯해.
B: Are you sure? 정말이야?

seem to do ···인 것 같아(seem+형용사 역시 ···인 것 같아)

A: What is Brian's favorite food? 브라이언이 좋아하는 음식이 뭐야?
B: He seems to like ice cream the best. 아이스크림을 가장 좋아하는 것 같아.

take after

닳다

써니쌤의 핵심강의 _____

take after sb는 특히 주어와 sb가 신체적으로나 혹은 행동이 가족을 포함한 친척과 닮았을 (resemble) 경우에 쓰는 표현이다. 당연히 sb는 주어보다 나이가 많은 사람이다. 아버지가 아들을 닮을 수은 없는 법이니.

Point

take after one's mother 엄마를 닮다

SPEAK LIKE THIS
- 어린(little) 시에라는 자기 엄마를 빼닮았어라고 할 때
  Little Sierra takes after her mother.

- 넌 아빠를 닮았니 아니면 엄마를 닮았니?라고 물어볼 때
  Do you take after your mom or dad?

A: You certainly take after your father.

B: I'll take that as a compliment.

　A: 넌 정말 네 아버지를 꼭 닮았어.
　B: 칭찬으로 알게.

look like+명사 …처럼 생겼어

A: You look like Ken. 너 켄 같아.

B: I borrowed some of his clothes. 걔 옷을 좀 빌렸어.

be similar to …와 비슷하다

A: Is that an Apple computer? 저거 애플컴퓨터야?

B: No, but it's similar to an Apple computer. 아니, 하지만 애플컴퓨터와 비슷해.

in the end

결국에는

써니쌤의 핵심강의

in the end는 「결국에」, 「마침내」라는 뜻으로 한 단어로 하면 finally, eventually 혹은 after all, at last와 같은 의미라 할 수 있다.

Point

In the end, I didn't~ 결국 난 …하지 않았어

SPEAK LIKE THIS

● 결국, 걔는 오지 못했다(fail to)라고 할 때
In the end, she failed to come.

● 결국 나는 라스베거스로 떠나지(leave for) 않았다고 말할 때
In the end, I didn't leave for Las Vegas.

A: This is a difficult class.

B: I hope we get good grades in the end.

A: 이 강좌는 어려워.
B: 그래도 결국 좋은 점수를 받기를 바래.

in the long run 결국에는, 장기적으로

A: Why does Bob work so much? 밥은 왜 그렇게 일을 많이 하는거야?

B: He wants to be very rich in the long run. 장기적으로 엄청 부자가 되고 싶어하거든.

after all 결국, 그래도

A: Sally is always calling me. 샐리는 늘상 내게 전화해.

B: Well, after all, you're her best friend. 저기, 그래도, 네가 걔 절친이잖아.

get married to

…와 결혼하다

써니쌤의 핵심강의

get married는 「결혼하다」라는 동적인 행위에 중심이 있고, 반면 be married는 그렇게 결혼한 정적인 상태를 뜻한다고 보면 된다. 또한 get married 다음에 결혼할 상대를 말할 때는 to sb를 붙이면 된다. 같은 의미로 marry sb가 있지만 다소 formal한 느낌이 든다.

Point

be married to John for 10 years 존과 결혼한지 10년 됐어
be getting married to sb on~ …요일에 …와 결혼해

SPEAK LIKE THIS

● 크리스는 나와 결혼하기를 바랬다(want to)고 하려면
Chris wanted to get married to me.

● 걔는 토요일(on~)에 마이크와 결혼해는
She's getting married to Mike on Saturday.

A: Did you know Sheila got married?
B: No! When did that happen?

A: 쉴라가 결혼한 거 알고 있어?
B: 말도 안돼! 언제 한거야?

marry sb …와 결혼하다(marry 다음에 전치사를 붙이지 않고 바로 sb가 온다)

A: Tomorrow I'm going to ask Grace to marry me. 나 내일 그레이스에게 청혼하려고 해.
B: I'll keep my fingers crossed for you. 행운을 빌어.

get divorced 이혼하다

A: I wanted to let you know I'm getting divorced. 나 이혼한다고 알려주고 싶었어.
B: But why? You seemed so happy with your husband.
아니 왜? 남편하고 잘 지내는 것 같았는데.

plan to

…할 계획이다

써니샘의 핵심강의

plan to는 「…할 계획이다」라는 뜻이지만 진행형을 사용하게 되면 거창한 계획이라기 보다는 아주 가까운 시점에 「…할 생각이다.」「…할거야」라는 뜻으로 쓰이는 경우가 많다. 결국 be going to와 유사하지만 좀 더 능동적이고 적극적인 표현이다. 또한 plan on 다음에는 ~ing가 온다.

Point

I'm planning to do[on~ing] …할 생각이야
Are you planning to~? …할 생각이야?

SPEAK LIKE THIS

● 오늘 저녁에 영화보러(go to a movie) 갈 생각이야라고 할 때
I'm planning to go to a movie this evening.

● 결혼 후에 자녀를 혹 낳을(have any children) 생각이 있냐고 물어볼 때
Are you planning to have any children after you get married?

A: What're you planning to do at the end of the day?

B: I was planning on resting but I might change my mind.

A: 일과 후에 뭐할 생각이야?
B: 쉴 생각이었지만 바뀔 수도 있고.

make a plan 계획을 세우다(have a plan는 계획이 있다는 이야기)

A: I heard you moved away from your boyfriend. 너 남친 집에서 이사나왔다며.
B: Yes, but we made a plan to meet next week. 어, 하지만 다음 주에 만날 계획야.

be thinking of …할 생각이야, …할까 생각중야

A: I'm thinking of taking a computer course. 컴퓨터 강좌를 들을 생각이야.
B: That sounds kind of boring. 약간 따분할 것 같은데.

give a call

전화를 하다

써니샘의 핵심강의

여러차례 언급한 영어의 특성을 다시 볼 수 있는 기회. call을 동사로 쓰기보다 명사로 give a call 이라는 표현을 더 좋아한다. 전화건 대상은 give sb a call이라고 하면 된다.

Point

give sb a call later …에게 나중에 전화하다
Give me a call at+전화번호 …로 전화해
Give me a call sometime 언제 한번 전화해
Give a call if anything comes up 무슨 일 있으면 전화해

SPEAK LIKE THIS

● 혹 물어볼게 있으면(have any questions) 나한테 전화해는
If you have any questions, give me a call.

● 가능한 한 빨리(as soon as you can) 010-3794-5450으로 내게 전화해라고 할 때
Give me a call at 010-3794-5450 as soon as you can.

A: I'm going to work on this stuff at home tonight.

B: If you have any problems give me a call.

A: 오늘 밤 집에서 이 일을 할거야.
B: 문제가 생기면 나한테 전화해.

make a call 전화를 걸다

A: Excuse me, I have to make a call. 미안, 나 전화해야 돼.
B: We'll talk later on. 나중에 얘기하자.

take a call 전화를 받다(get a call 역시 전화를 받다)

A: Is there a place I can take a call? 내가 전화받을 곳이 있어?
B: Use my office. 내 사무실을 써.

How about ~?

…은 어때?, …하는 건 어때?

써니쌤의 핵심강의

How about~ 다음에는 명사 또는 동사의 ~ing 외에 부사구나 주어+동사의 절 등 제안하는 내용이라면 아무 형태가 와도 상관하지 않는 아주 맘씨 좋은 표현이다. How about~?은 상대방의 의향을 물어보거나 뭔가 새로운 제안을 할 때 특히 약속시간, 장소를 정할 때 아주 유용하다.

Point

How about a drink? 술한잔 어때?
How about tomorrow evening? 내일 저녁은 어때?
How about over here? 이쪽은 어때?
How about we go to the movies tonight? 오늘 저녁 영화 어때?

SPEAK LiKE THiS

● 나 오늘 거기 못 가(not go there). 화요일은 어때라고 물어볼 때
I can't go there today. How about Tuesday?

● 오늘 밤 한잔하러 가는 게(go out for a drink) 어떠냐고 물어볼 때
How about going out for a drink tonight?

A: Thanks for the lovely dinner party.
B: You're very welcome. How about some dessert?

A: 아주 멋진 저녁 파티였어요.
B: 별 말씀을요. 디저트 좀 드실래요?

How about you? 넌 어때?(How about that?은 그건 어때, How about that!은 와 멋지다라는 뜻)
A: How's it going? 요즘 어때?
B: Pretty good. How about you? 좋아. 너는?

Why don't you~? …해라(Why don't we~는 …하자라는 의미로 Let's~ 와 같은 의미)
A: My wife says that I need more stamina. 아내가 나더러 힘 좀 길르래.
B: Why don't you join a gym? 체육관에 좀 다니지 그래?

go on a trip

여행가다

써니샘의 핵심강의

go on a date(데이트하러 가다), go on a vacation(휴가가다) 처럼 go on a+명사의 형태 중 하나로 「명사」하러 가다라는 뜻. go on 대신에 take를 써서 take a trip이라고 해도 된다.

Point

go on a little trip 짧은 여행을 가다
be on a trip 여행 중이다
be planning a trip to~ ···로의 여행을 계획하다
travel abroad[overseas] 해외여행하다

SPEAK LIKE THIS
- 수잔에게 나와 함께 여행가자고 말해볼거야(ask sb to)는

I'm going to ask Susan to go on a trip with me.

- 우리는 뉴욕까지 함께(together) 여행을 했다고 할 때

We went on a trip together to New York.

A: Let's go on a trip to California.
B: Sure, we've got free time this summer.

A: 캘리포니아로 여행가자.
B: 그래, 이번 여름에 여유시간을 갖는거야.

---

take a trip (to) (···로) 여행가다

A: I'm taking a trip around the world. Want to go? 세계일주를 할거야. 같이 할래?
B: Yeah, I'll come with you. 그래. 같이 가자.

A: Jack is about to go on a business trip. 잭은 업무차 출장을 갈 참이야.
B: Where is he going to travel. 어디로 가는데?

get better

상황이 좋아지다

써니쌤의 핵심강의

get well보다 더 좋은 상태로 「나아지다」, 「좋아지다」라는 의미. better는 well의 비교급이다. 병이나 어떤 상황이 더 좋아지는 것을 말한다. 특히 be getting better(점점 더 나아지고 있다)의 형태로 많이 쓰인다.

Point

Things are getting better 사정이 점점 좋아지고 있어
It's getting better 점점 나아지고 있어
It's getting worse 점점 나빠지고 있어
Your English is getting better! 네 영어실력이 점점 더 좋아지고 있네!

SPEAK LIKE THIS

● 호전되는데 며칠 걸릴거야(It will take~)라고 말할 때
It will take a few days to get better.

● 좋아지면 와서 나 좀 보자(come see~)고할 때
Come see me when you get better.

A: I will let you know if he's getting better.
B: I hope he gets better soon.

A: 걔가 좀 나아지면 알려줄게.
B: 걔가 빨리 나아지면 좋겠어.

get worse 더 나빠지다(be getting worse의 형태로 많이 쓰임)
A: How are things in your school? 학교 생활이 어때?
B: They are terrible. Everything's getting worse. 끔찍해. 모든 게 더 나빠지고 있어.

get well 나아지다, 좋아지다(Be well은 인사말로만 쓰이지만 formal한 표현)
A: How is your sister? 네 누나 어때?
B: I think she'll get well soon. 곧 좋아질거야.

make fun of

놀리다, 비웃다

써니쌤의 핵심강의 ─────────────

make fun of는 of 이하에 나오는 사람이나 어떤 것을 비웃거나 조롱하는 것을 뜻한다. make jokes about이라고 해도 된다.

Point

Don't make fun of me! 날 놀리지마!
Are you making fun of me? 너 지금 나 놀리는 거야?
I'm not making fun of you 나 너 놀리는 거 아냐

SPEAK LIKE THIS

● 영어를 잘 못하는(not speak English very well) 사람들을 놀리면 안된다고 할 때
You should not make fun of someone who doesn't speak English very well.

● 내 영어억양(English accent)을 비웃지 말라고 할 때
Don't make fun of my English accent!

A: Why was your daughter crying?
B: Some kids were making fun of her.
　A: 왜 네 딸이 울었어?
　B: 아이들 몇몇이 걔를 놀려댔대.

laugh at 비웃다, 놀리다(joke about 역시 비웃다, 농치다로 make jokes about이라고 해도 된다)

A: I was embarrassed when I fell. 난 넘어졌을 때 당황했어.
B: No one was laughing at you. 아무도 널보고 웃지 않았어.

make a fool of 놀리다, 속이다

A: Dan's wife was cheating on him. 댄의 부인은 바람을 폈어.
B: Yeah, she really made a fool of him. 그래, 댄을 정말 바보로 만들었어.

have difficulty ~ing
…하는데 애먹다, 힘들다

써니샘의 핵심강의

It's hard[difficult] to~와 같은 맥락의 표현으로 「…하는데 어려움을 겪다」 「…하는게 어렵다」라는 의미. 원래는 ~ing 앞에 전치사 in이 있었으나 요즘에는 그냥 빼고 쓰는 추세이다. 어려움의 정도를 말하려면 difficulty 앞에 great 등의 강조 형용사를 넣으면 된다.

Point

have difficulty with~ …에 문제가 있다

SPEAK LIKE THIS

● 걘 우리 집을 찾는데(find) 애를 먹었다고 할 때
She had difficulty finding our house.

● 멜은 음식을 먹는데(eat the food) 어려움을 겪었다고 할 때
Mel had difficulty eating the food.

A: I have difficulty turning this knob.
B: Let me help you do that.

A: 이 문고리를 돌려지지가 않아.
B: 내가 도와줄게.

---

be hard ~ing …하는게 어렵다

A: It's hard finding a good boyfriend. 좋은 남친을 찾는 것은 쉽지 않아.
B: True. I haven't found one yet. 정말야. 난 아직도 못찾았어.

have hard time ~ing …하는데 힘든 시간을 보내다, 곤란을 겪다

A: How have you been? I haven't heard from you in a while.
어떻게 지냈니? 한동안 네 소식을 못 들었어.

B: I've been okay, but I had a hard time last month. 잘 지냈지만 지난 달에 엄청 고생했지.

get out

…에서 나가다, 떠나다

써니쌤의 핵심강의

거의 아무데나 갖다 붙이면 통할 것 같은 동사가 바로 get. go out도 「나가다」란 뜻이지만 get out 역시 나가다(leave)란 의미로 쓰이며, get sb out하면 「sb를 내보내다」란 표현이 된다.

Point

get sb out of …에서 sb를 빼내다, 내보내다

SPEAK LIKE THIS

● 제발(please) 내 방에서 나가달라고 할 때
Please get out of my room.

● 걔를 감옥에서 빼내는데 시간이 걸릴거야(It will take time~)라고 말할 때
It will take time to get him out of jail.

A: **Were you home when the flood happened?**

B: **No, we got out before it started.**

A: 홍수가 났을 때 너 집에 있었어?
B: 아니, 홍수가 나기 전에 나왔어.

---

get out of (here) (여기서) 나가다

A: I can't wait to **get out of here.** 여기서 나가고 싶어 죽겠어.

B: I know what you mean. 무슨 말인지 알아.

Get out of here! 꺼져!, 그럴리가!

A: **Get out of here!** 꺼져!

B: What did I do wrong? 내가 뭘 잘못했는데?

get off

…에서 내리다

씨니쌤의 핵심강의

승용차처럼 바닥과 거리가 좁은 교통수단에서 내릴 때는 평면적으로 내부와 외부의 개념을 사용하여 get out, get in을 쓰며, 버스나 기차, 항공기처럼 좀 높은 차량에 타고 내리다는 get on, get off를 쓴다.

Point

Get on the next bus 다음 버스를 타세요

SPEAK LIKE THIS

- 다들(everyone) 버스에 타고 싶어한다고 말할 때

Everyone wants to get on the bus.

- 지하철로 두 정거장(two stops) 탄 후에 센트럴 역에서 내리세요는

Take the subway for two stops and get off at Central Station.

A: Where did you get on the bus?

B: At the bus station downtown.

A: 버스 어디서 타셨어요?
B: 시내 버스 정류장에서요.

get on 차를 타다(take a bus는 버스를 타다, take a subway는 지하철을 타다)

A: How will we go downtown? 어떻게 시내에 갈거야?

B: We'll get on the subway at this station. 여기 정거장에서 전철을 탈거야.

get out 차에서 내리다(get in은 반대로 차를 타다)

A: Are you ready to get out of the taxi? 택시에서 내릴 준비됐어?

B: Sure, we can get out right here. 물론, 바로 여기서 내리자.

something like that

뭐 그런 것

써니쌤의 핵심강의

앞서 이미 얘기한 것이나 다시 반복하지 않고 「뭐 그와 같은 것」이라고 포괄적으로 말하는 경우, 혹은 정확히 말하기 힘들거나 말하기 싫을 경우에 두리뭉실 「뭐 그와 같은 것」이라고 말할 때 사용하면 된다. 무척 많이 사용되는 표현 중의 하나이다.

Point

do something like that 그와 같은 것을 하다
Something like that 뭐 그런 거야

SPEAK LIKE THIS

- 펜이나, 뭐 그런 것 좀 줘봐(get me)라고 할 때
  Get me a pen, or something like that.

- 걘 화가 났어(be angry), 뭐 그런 셈이야라고 할 때
  She is angry, or something like that.

A: What can I bring to the party?

B: Bring a salad, or something like that.

> A: 파티에 내가 뭐 가져가야 돼?
> B: 샐러드나 뭐 그런 거 가져와.

things like that 그런 것들(say things like that은 그런 식으로 말하다가 된다)

A: I don't want to live with my parents. 부모랑 같이 살기 싫어.

B: You shouldn't say things like that. 그렇게 말하면 안되지.

A: What do you do on your days off? 쉬는 날에는 뭐해?

B: I go hiking and swimming, things like that. 하이킹이나 수영, 뭐 그런 것들을 해.

make a reservation
예약하다

써니쌤의 핵심강의

공연이나 호텔, 식당 등을 이용하는데 예약하는 문화는 많이 일반화가 된 상태이다. reserve란 동사도 쓰이지만 reserve의 명사형을 사용한 make a reservation이란 표현도 무척 많이 쓰인다.

Point

make a hotel reservation 호텔예약을 하다
make a dinner reservation for a table of four 저녁식사로 4명 예약하다
make a reservation at the restaurant 식당예약을 하다
reconfirm one's reservation 예약을 재확인하다

SPEAK LIKE THIS

● 내가 지금 식당예약(reservation at the restaurant)을 할게는
  I'll make a reservation at the restaurant now.

● 저녁식사로 6시 반(for six thirty)에 5인 예약을 하려구요는
  I'd like to make a dinner reservation for a table of five, for six thirty.

A: I'd like to reserve a table for three for tonight.
B: For what time?

   A: 오늘밤 3인석을 예약하고 싶은데요.
   B: 시간은요?

reserve a room 방을 예약하다(reserve sth online는 인터넷으로 예약하다)
   A: Where will we stay tonight? 오늘 밤에 어디에 머물거야?
   B: I reserved a room at a hotel. 호텔에 방을 예약했어.

book a seat 자리를 예약하다(book a hotel은 호텔예약하다, book a table for two는 2인석 자리를 예약하다)
   A: I booked a seat for New York. 뉴욕행 비행기 좌석을 예약했어.
   B: You'll have a great time there. 거기서 재미있게 보낼거야.

used to

과거에 …하곤 했었다

써니샘의 핵심강의

교회를 규칙적으로 다니듯 과거의 규칙적인 습관을 말하는 것으로 단지 과거에 끝난 일로 현재는 그렇지 않다는 뉘앙스가 포함되어 있다. 과거의 습관으로 함께 배운 would는 불규칙적으로 반복되는 과거 행동을 말할 때 사용한다.

Point

used to go~ …에 가곤 했었다
*be[get] used to+명사[~ing] …하는데 적응하다
*be used to+동사 …하는데 사용되다

SPEAK LIKE THIS
- 우리는 항상(all the time) 함께 놀곤 했다고 과거를 회상할 때
 We used to play together all the time.

- 안젤라는 과거에 LA에 살았지만(live in) 지금은 시카고에서 산다고 말할 때
 Angela used to live in Los Angeles. Now she lives in Chicago.

A: You look very healthy.
B: I used to exercise all the time.
　　A: 너 무척 건강해 보인다.
　　B: 항상 운동을 하곤 했어.

used to be (과거에) …이었다, 있었다

A: I'm not who I used to be. 난 예전의 내가 아니야.
B: That's okay. I like you anyway. 괜찮아. 그래도 난 널 좋아해.

There used to be~ (과거에) …가 있었다

A: There used to be a department store here. 예전에는 여기에 백화점이 있었는데.
B: I guess they went out of business. 문을 닫은 것 같아.

be ashamed of
…을 수치스럽게 생각하다

써니샘의 핵심강의 _____

of 이하를 「수치스럽게 생각하다」 「창피하게 생각하다」라는 의미로 of 이하에는 명사나 ~ing 형이 온다. 비슷한 형태인 be embarrassed at[about]은 「당황하다」 be frustrated with는 「좌절하다」 「낙담하다」라는 뜻.

Point

be ashamed of oneself 부끄러워하다
have nothing to be ashamed of 떳떳하다
be embarrassed at[about] 당황하다
be frustrated with 좌절하다, 낙담하다

SPEAK LIKE THIS
- 난 걔의 못된 행실(bad behavior)에 부끄러웠어라고 할 때
  I was ashamed of her bad behavior.

- 걘 자기 오빠의 형편없는 성적(poor grades)을 부끄러워해는
  She is ashamed of her brother's poor grades.

A: Man, you were really drunk yesterday.
B: I am very ashamed of the way I acted.

  A: 야, 너 어제 엄청 취했어.
  B: 내가 한 짓거리가 창피해.

be embarrassed 당황하다
A: I heard you farted in the subway train. 전철에서 방귀꼈다며.
B: That's true. I was so embarrassed. 맞아. 정말 당황했어.

be frustrated with 좌절하다, 낙담하다
A: Steve makes everyone angry. 스티브는 모든 사람들을 화가 나게 해.
B: We're all frustrated with him. 우리 모두다 걔한테 지쳤어.

fall in love

사랑에 빠지다, 사랑하다

써니샘의 핵심강의

글자 그대로 해석하면 되는 기본표현. 다만 동사의 과거형이 fell, 과거분사형이 fallen이라는 점에 주의해본다. fall보다는 정적이지만 be in love 또한 같은 의미로 쓰인다.

Point

fall in love with sb …와 사랑에 빠지다
be in love with sb …와 사랑하고 있다

SPEAK LIKE THIS
● 미안하지만 난 다른 여자(another woman)와 사랑에 빠졌어.
I'm sorry, but I fell in love with another woman.

● 린다가 새로 부임한 사장(new boss)을 사랑하는 것 같아.
I think Linda's in love with her new boss.

A: I didn't know you were still in love with me.
B: Don't worry. I will be over you soon.

   A: 네가 아직도 날 좋아하는 줄 몰랐어.
   B: 걱정마. 곧 잊을 테니까.

love at first sight 첫눈에 반하다

A: They've been married for years. 걔네들은 오래 전에 결혼했어.
B: I heard it was love at first sight. 첫눈에 반한거라며.

make love 사랑을 나누다

A: That girl was pretty hot. 저 여자애 정말 섹시했어.
B: I made love to her all night long. 난 밤새내내 걔랑 사랑을 나누었어.

think over

심사숙고하다

써니쌤의 핵심강의 _____

여기서 over는 반복의 개념으로 여러차례 계속 생각하다. 즉 뭔가 결정을 하기 앞서 신중하게 오래 동안 검토하는 것을 말한다.

Point

Let me think it over 생각 좀 해볼게

SPEAK LIKE THIS
- 내 제안(proposal)에 대해 신중하게 생각해보라고 할 때
  Think over my proposal.

- 네가 들은 거(you've been told) 모든 것을 신중하게 검토해보라고 할 때
  Think over everything you've been told.

A: Did you think over my offer?

B: Yes, and I will accept it.

　　A: 내가 한 제안 생각해봤어?
　　B: 어, 받아들일게.

---

give some thought 생각을 해보다(have some thoughts 생각을 좀 해놓다)

A: I have some thoughts on that matter. 난 그 문제에 대해 생각을 좀 해봤어.

B: I'd love to hear what you think about the situation.
　　그 상황에 대한 네 생각을 듣고 싶어.

take into consideration 고려하다(formal한 표현)

A: Remember, Debbie has lied a lot. 기억해, 데비는 거짓말을 참 많이 해.

B: I'll take that into consideration. 그 점 고려할게.

put off

연기하다

써니쌤의 핵심강의

Don't put off till tomorrow what you can do today(오늘 할 일을 내일로 미루지 마라)로
유명한 표현. 하기 싫어서 뒤로 미루는 것으로 put off 다음에는 명사나 ~ing를 이어 쓰면 된다.

Point

Don't put off~ …을 미루지 마
Why put off~ ? 왜 …을 미루는거야?

SPEAK LIKE THIS

● 내 아들은 항상 숙제하는(do homework) 것을 미룬다고 할 때
　My son always puts off doing homework.

● 세금내는(pay one's taxes) 것을 연기했냐고 물어볼 때
　Did you put off paying your taxes?

A: **You shouldn't put off that work for much longer.**
B: **I'll try and finish it before I go.**

　　A: 그 일을 너무 오랫동안 미루어 두지 마라.
　　B: 열심히 해서 퇴근하기 전에는 끝내 놓을게.

put sth back …을 뒤로 미루다(be put back to~는 연기되다라는 뜻), 다시 갖다놓다

　A: **Are you going on vacation?** 휴가갈거야?
　B: **No, I'm going to put off my vacation.** 아니. 나중에 가려고.

hold back 연기하다, 억제하다

　A: **Did you buy a new car?** 새 차 뽑았어?
　B: **No, we decided to hold back on that.** 아니. 우린 연기하기로 했어.

leave a message

메시지를 남기다

써니쌤의 핵심강의

전화로 찾는 사람이 없을 때 「메시지를 남기다」라는 뜻. 반대로 「메시지를 받아놓다」는 take a message라고 한다. 또한 이렇게 「받아놓은 메시지를 전해주다」는 give sb the message라고 하면 된다.

Point

left a message for sb …에게 메시지를 남겼다
May I leave a message? 메시지를 남겨도 될까요?
send a message to sb …에게 메시지를 보내다

SPEAK LIKE THIS

● 비서에게 메시지를 남기라고 할 때
Leave a message with the secretary.

● 메시지를 남기면 걔가 연락을 할거야(get back to)라고 할 때
Leave a message and she'll get back to you.

A: Would you like to leave a message?

B: That's okay. I'll call you later.

A: 메모 남기시겠어요?
B: 아뇨, 전화 나중에 할게요.

take a message 메시지는 받아놓다

A: What time do you expect him back? 언제쯤 들어오실까요?

B: In five minutes. May I take a message? 5분 내로요. 메모 남기시겠어요?

give sb the message …에게 메시지를 전하다

A: Could you ask him to call me back as soon as he gets in?

들어오는 대로 저한테 전화 좀 해달라고 전해주시겠어요?

B: I'll give him the message. 그렇게 전해드리죠.

take ~ off

쉬다

써니샘의 핵심강의

take+시간명사+off는 시간명사에 「일하지 않고 쉬다」 즉 「휴가를 내다」라는 의미. 막연하게 take time off라고 쓰기도 하고 구체적으로 take this afternoon off라고 말하기도 한다. 우리가 일을 하지 않는 것을 '오프'한다고 하는데 이를 연상하면 이해하기 쉬울 것이다.

Point

take this Friday off 이번 목요일에 휴가내다
ask for time off 휴가를 신청하다

SPEAK LIKE THIS

● 오늘은(the rest of the day) 그만 쉬고 집에 가라고 할 때
Why don't you take the rest of the day off and go home?

● 조금 휴가를 내 마이애미로 가서(head out to) 부모님을 뵐거라고 할 때
I'm going to take some time off and head out to Miami to see my parents.

A: I haven't seen Andy at work.

B: He took some time off to relax.

A: 사무실에서 앤디가 안보이는데.
B: 쉴려고 좀 휴가를 냈어.

have[get] ~ off 휴가를 갖다

A: We have the weekend off. 우리 주말에는 쉬어.

B: Shall we do something special? 뭐 특별한 것을 할까?

need some time off 휴가가 좀 필요하다

A: You look dead tired. 너 정말 피곤해보인다.

B: I know. I need some time off. 알아. 좀 쉬어야 돼.

get to work

출근하다, 일을 시작하다

써니쌤의 핵심강의 _____

일하러 가다라는 말로 즉 「출근하다」라는 의미의 표현. 문맥에 따라 「일을 시작하다」, 「착수하다」라는 의미로도 쓰인다.

Point

I got to get to work 일하러 가야 돼
Let's get to work 일을 시작하자
get to work on~ …에 대한 일을 시작하다

SPEAK LIKE THIS

● 난 보통 오전 7시에(at seven a.m.) 출근한다고 할 때
I usually get to work at seven a.m.

● 역에서부터(from the station) 출근하는데 얼마나 걸리냐고 물어볼 때
How long does it take to get to work from the station?

A: I have to go. I need to get to work.
B: Don't forget to take your lunch with you.

A: 나 가야 돼. 일해야 돼.
B: 점심 가지고 가는 거 잊지마.

go to work 출근하다, 일을 시작하다(get to work처럼 일을 시작하다라는 의미로도 쓰인다)

A: What time do you go to work? 몇 시에 출근해?
B: I usually drive there around 6 a.m. every morning.
보통 매일 아침 6시 경에 차로 출발해.

get back to work 다시 일을 시작하다(get back to the office는 사무실로 돌아가다)

A: I need a coffee break. 커피타임을 가져야겠어.
B: You'd better get back to work right now. 당장 일하러 돌아가는데 좋을거야.

forget about

…을 잊다

써니쌤의 핵심강의 ─────────────────────

forget은 목적어의 형태에 따라 잊어버린 내용이 미래의 할 일인지 아니면 과거의 한 일인지 구분된다고 배워온 동사이다. 할 일을 잊어버린 경우는 forget to do이나, 과거의 일은 forget about ~ing으로 쓰인다는 점을 기억해둔다.

Point

Don't forget to do~ …을 명심해라, 잊지말고 해라
I forgot to do~ …하는 것을 잊었어

SPEAK LIKE THIS

● 네 문제들을(problems) 잊어보라고 할 때
Forget about your problems.

● 저 청구서(bill)들 돈내는 것을 잊어버렸다고 할 때
I forgot about paying those bills.

A: The new secretary is hot, but she's a lesbian!
B: I guess I can forget about going out with her!

A: 새로운 비서 죽이던데, 그 여자 레즈비언이야!
B: 데이트 할 생각은 잊어버려야겠구나!

remember ~ing …한 것을 기억하다

A: Do you remember hiking on Mt. Fuji? 너 후지산 하이킹한 거 기억해?
B: Yes, I did that a few years ago. 어, 몇년전에 했었지.

remember to+V …할 것을 기억하다

A: I'm going to see my doctor. 병원에 갈려고.
B: Remember to tell him about your illness. 네 병에 대해 얘기하는거 기억해.

to be honest

솔직히 말해서

써니쌤의 핵심강의 _____

상대방이나 주변 사람들에게 거슬리는 말이라도 자기 감정을 숨기지 말고 솔직히 말할 때, 혹은 숨겨왔던 사실을 이실직고 말할 때 사용하는 표현. 강조하려면 to be quite honest라 하면 된다.

Point

> **I have to be honest,** 솔직히 말해야겠는데.

SPEAK LIKE THIS

● 솔직히 말해서, 난 미술에 대해 아는 게 하나도 없다(not know anything about~)고 할 때

  To be honest I don't know anything about art.

● 까놓고 말해야겠네. 이 친구(this guy)에게 너는 과분하다고 할 때

  I got to be honest. This guy's not enough for you.

A: Did Sara commit the crime?

B: To be honest with you, I think she's guilty.

  A: 새라가 범죄를 저질렀어?
  B: 솔직히 말해서, 걔가 유죄라고 생각해.

---

to be honest with sb …에게 솔직하다

A: I'd rather not tell you everything. 네게 다 말하지 않는 게 낫겠어.

B: Stop talking like that. You have to be honest with me.

  그런 말 마. 너 내게 솔직히 말해.

to be frank 솔직히 말해서(let me be frank 역시 같은 의미)

A: Do I look good in this dress? 이 드레스입으니 나 좋아 보여?

B: To be frank, it doesn't look good. 솔직히 말해서, 별로야.

think about

…에 대해 생각하다

써니쌤의 핵심강의

think를 하되 뭐를 생각하고 있는지 표현할 때 사용하는 기본표현. think about 다음에 생각하고 있는 것을 말하면 된다. 진행형으로 해서 I'm thinking about~이라고 하면 「…해볼까 생각중이야」라는 의미가 된다.

Point

Let me think about~ …에 대해 생각을 해볼게
What do you think about~? …에 대해 어떻게 생각해?

SPEAK LIKE THIS

● 난 그거에 대해 생각할 시간이 많지 않았었어(haven't had much time to)라고 할 때
I haven't had much time to think about it.

● 대부분의 남자들은 섹스에 대해 너무 많이 생각하는 것 같아(It seems like)는
It seems like most men think about sex way too much.

A: I want to invite the investors to see our operation.
B: Let me think about that and I'll get back to you.

A: 투자가들을 불러서 우리 회사를 둘러보게 하는 게 좋겠어.
B: 생각 좀 해보고 얘기해 줄게.

think of …을 생각하다(I'm thinking of~는 …을 할까 생각중이다라는 뜻)

A: What do you think of Jim? 짐에 대해 어떻게 생각해?
B: He's one of our best salesmen. 우리 최고의 영업맨 중의 하나야.

A: I think the new receptionist is a real beauty. 새로운 안내원은 정말 예쁜 것 같아.
B: Me too. I'm thinking of asking her out on a date.
나도 그래. 데이트신청할까 생각 중야.

have enough to

…할게 충분하다

써니쌤의 핵심강의

to 이하를 할 정도로 뭔가 충분히, 여유있게 있다는 표현. 구체적으로 말하려면 have enough+
명사+to do[for~]로 쓰기도 한다. 물론 동사는 have 뿐만 아니라 be, save 등 다양하게 올 수
있다. enough의 또 다른 용법은 형용사+enough (for)로 「…하기에 충분히 …한」이라는 뜻이다.

Point

Do you have enough to + V? ～할 것이 충분히 있나요?

SPEAK LIKE THIS
- 비행기(on the airplane)에서 읽게 충분히 있어라고 물어볼 때

Do you have enough to read on the airplane?

- 우린 간신히(barely) 수지타산을 맞출(make ends meet) 정도의 돈을 번다고 할 때

We're barely making enough money to make ends meet.

A: Will that be cash or charge?

B: I think I have enough to pay cash.

   A: 현금으로 내시겠어요, 아님 신용카드로 하시겠어요?
   B: 현금이 충분한 것 같군요.

good enough to~ …하기에 충분한

A: Do you like the chocolate cake? 너 초콜렛 케익 좋아해?

B: Yes, it's good enough to eat a second piece. 어, 하나 더 먹을 정도로 좋아.

be old enough to + V …할 정도로 나이가 들었다

A: Why don't you ask her out on a date? 걔한테 데이트 신청해봐.

B: Because I am old enough to be her father. 걔 아버지뻘 될 정도로 늙었는데.

ask sb to

…에게 …하라고 부탁하다

써니쌤의 핵심강의 _____

sb에게 부탁을 할 때 사용하는 표현으로 윗사람에게 쓰거나 명령조를 피하고 싶을 때 사용하면 된다. 물론 to 다음에는 주어가 부탁하는 내용을 말하면 된다. 비슷한 표현으로 tell sb to가 있는데 이는 아랫사람이나 부담없는 상황에서 쓰는 표현.

Point

Did you ask sb to~? …에게 …하라고 부탁했어?

sb didn't ask me to~ …는 내게 …해달라고 부탁하지 않았어

I didn't ask you to~ 난 네게 …해달라고 부탁하지 않았어

SPEAK LIKE THIS
- 나는 네게 나를 따라오라고(follow sb) 부탁하지 않았어는
  I didn't **ask you to** follow me.

- 전화를 꺼달라고(turn~off) 부탁드려야 되겠네요는
  I'm going to have to **ask you to** turn the phone off.

A: Did you **ask him to** get your car?

B: No, I forgot.

A: 네 차를 가지고 와 달라고 그 사람한테 부탁했니?
B: 아니, 깜박했어.

tell sb to …에게 …하라고 말하다

A: Brian is coming soon. 브라이언은 곧 올거야.

B: **Tell him to** bring my coat. 내 코트 가져오라고 해.

I told you to~ …라고 말했잖아

A: Sorry, I failed the exam. 미안, 시험에 떨어졌어.

B: **I told you to** study harder. 더 공부 열심히 하라고 했잖아.

get along well

사이좋게 잘 지내다

써니샘의 핵심강의

get along well은 다른 사람과 「사이좋게 잘 지내다」라는 뜻으로 잘 지내는 사람을 말하려면 get along well with sb의 형태로 쓰면 된다. 물론 well을 빼도 잘 지내다라는 뜻이 된다.

Point

Do you get along with~? ···와 잘 지내?

Sb doesn't get along well with~ ···는 ···와 사이가 좋지 않아

Sb1 and Sb2 don't get along ···와 ···는 잘 지내지 못해

I didn't get along well with sb 난 ···와 잘 어울리지 못했어

SPEAK LIKE THIS

● 걔는 정말 마음이 열려있고(open-minded) 어울리기 편하다(easy to)고 할 때

She is really open-minded and easy to get along with.

● 내 아내는 대부분의 사람들(most people)과 정말 사이가 좋지 않다고 할 때

My wife doesn't really get along well with most people.

A: Do you get along well with your new partner?

B: I guess so, but I really don't know him very well yet.

A: 네 새로운 파트너와 잘 지내?

B: 그렇지, 하지만 걘 아직 잘은 모르겠어.

go along 계속하다(continue)

A: How is your computer business? 네 컴퓨터 사업 어때?

B: It's going along well. 잘 되고 있어.

go along with 찬성하다(agree)

A: Why did you disagree with Dave? 너 왜 데이브와 의견이 맞지 않아?

B: I couldn't go along with his plan. 난 걔의 계획에 찬성할 수가 없었어.

have a problem

문제가 있다

써니샘의 핵심강의 _____

문제가 있다라는 기본적 의미에서 더 나아가 with sb[sth]에 불만이 있다. 만족하지 못하다라는
의미로까지 확장되어서 사용된다는 점을 눈여겨 둔다.

Point

I have a problem with~ 난 …에 문제가 있어
I don't have a problem with~ 난 …에 아무런 문제없어
Do you have a problem with~? …에 문제가 있어?, 불만있어?

SPEAK LIKE THIS
● 무슨 일이야? 너 문제가 있어 보여(look like)라고 할 때
  What's the matter? You look like you have a problem.

● 난 주 7일(seven days a week) 근무에 불만이야라고 할 때
  I have a problem with working seven days a week.

A: Do you have a problem with your roommate?

B: Yes, she is very rude.

  A: 네 룸메이트와 뭐 문제있어?
  B: 어, 걔는 무척 무례해.

There is a problem with …에 문제가 있다

A: Is there a problem with the computer? 컴퓨터에 문제가 있니?

B: Yeah, the mouse doesn't work properly. 응, 마우스가 제대로 작동을 안 해.

A: Why is your computer flashing? 왜 네 컴퓨터가 깜박거리는거야?

B: There is a problem with the software. 소프트웨어에 문제가 있어.

go straight

곧장 가다, 직진하다

써니쌤의 핵심강의 _____

go straight는 우회전이나 좌회전 등 옆으로 새지 말고 곧장 앞으로 가다라는 뜻으로 길을 안내할 때 요긴하게 써먹을 수 있는 표현이다.

Point

Go straight until~ ···할 때까지 곧장 가요
Go straight for two blocks 2블록 곧장 가요

SPEAK LIKE THIS

● 먼저 곧장 직진하신 다음 신호등에서(at the light) 우회전하세요는
First go straight then take a left at the light.

● 화장실(restroom)이 보일 때까지 그냥 쭉 가세요는
Just go straight until you see the restroom.

A: Could you tell me how I get to the subway?
B: Go straight ahead until you see the sign.

　　A: 지하철로 가려면 어떻게 가야 하나요?
　　B: 지하철 표지판이 나올 때까지 앞으로 쭈욱 가세요.

turn right 우회전하다, 오른쪽으로 돌다

A: Excuse me, how can I get to the nearest station? 저기, 가장 가까운 역 어떻게 가나요?
B: Take this road to the end, then turn right. 이 길 끝까지 가서 오른쪽으로 도세요.

turn left 좌회전하다, 왼쪽으로 돌다

A: How do I get to the post office? 우체국까지는 어떻게 가야 돼요?
B: Turn left onto Main Street. It's right there. 메인가에서 좌회전하면 바로 거기에 있어요.

miss one's train

열차를 놓치다

써니샘의 핵심강의

miss가 「그리워하다」라는 뜻이 있지만 여기서는 기차나 버스를 타는데 너무 늦게 와서 타지를 못하다, 즉 「…을 놓치다」라는 의미로 사용되는 경우이다.

Point

miss the[one's] train 열차를 놓치다
miss the[one's] bus 버스를 놓치다

SPEAK LIKE THIS

● 서둘러(hurry up)! 버스 놓치겠다고 할 때
Hurry up! We're going to miss the bus!

● 지금 출발하지(leave) 않으면 기차를 놓칠거야라고 할 때
You'll miss your train if you don't leave now.

A: Damn it! We missed our subway train!

B: There will be another one in a few minutes.

A: 젠장 지하철을 놓쳤네!
B: 곧 다음 열차가 올거야.

---

missed one's plane[flight] 비행기를 놓치다

A: Why are you so upset? 왜 그렇게 화가 났어?
B: I missed my flight to Los Angeles. 내가 탈 LA행 비행기를 놓쳤어.

get on[take] the wrong bus 버스를 잘못타다

A: Why were you two hours late? 왜 두 시간이나 늦었어?
B: I got on the wrong bus to come here. 여기 오는데 버스를 잘못탔어.

feel like ~ing

…하고 싶다

써니쌤의 핵심강의

feel like 다음에 동사의 ~ing를 취하면 「…을 하고 싶어」라는 의미. 뭔가 먹고 싶거나 뭔가 하고 싶다고 말하는 것으로 반대로 「…을 하고 싶지 않다」라고 말하려면 부정형 I don't feel like ~ing 을 쓴다.

Point

Do you feel like ~ing? …하고 싶어?

I feel like it 하고 싶어

I don't feel like it 그러고 싶지 않아. 사양할래

SPEAK LIKE THIS

- 난 저녁으로 고기찜(pot roast)을 먹고 싶어라고 할 때
  I feel like pot roast for dinner.

- 걘 이번 주말에(this weekend) 하이킹을 가고 싶다고 할 때
  He feels like hiking this weekend.

A: Do you **feel like** shopping with me?

B: Sure! I need to buy some new clothes.

    A: 나와 쇼핑하고 싶어?
    B: 물론! 새 옷을 좀 사야 돼.

get more

don't feel like+N[~ing] …하고 싶지 않다

A: Would you like some cake? 케익 좀 먹을래?

B: No, thank you. **I don't feel like it.** 아니, 됐어. 먹고싶지 않아.

feel like+N[S+V] …인 것 같아

A: **I feel like** such a loser. I have no friends. 난 정말 바보같아. 친구도 없어.

B: That's not true. I'm your friend. 그렇지 않아. 내가 네 친구잖아.

go ahead

먼저 가다, 시작하다

써니쌤의 핵심강의 _____

글자 그대로 앞서 가다라는 뜻으로 물리적으로 다른 사람보다 앞서 간다고 할 때는 go ahead of sb라고 한다. 또한 뭔가 시작해서 계속한다는 뜻으로도 쓰이는데 이때는 go ahead with의 형태로 많이 쓰인다.

Point

Go ahead 어서 해봐
go ahead with~ …을 계속하다
go ahead and do~ 어서 …을 시작하다

SPEAK LIKE THIS

● 제인, 나 없이 파티를 시작해(start the party). 나 야근해야 돼라고 할 때
Go ahead and start the party without me, Jane. I have to work late.

● 어서 이메일을 열어보라(open)고 할 때
Go ahead and open the e-mail.

A: Can I ask you something?
B: Sure. Go ahead.
<blockquote>
A: 뭐 좀 물어봐도 돼?
B: 그래. 해봐.
</blockquote>

get ahead 다른 사람보다 더 앞서가다, 성공하다

A: Shall we leave early? 일찍 출발할까?
B: Yes, let's get ahead of the other people. 어. 다른 사람보다 앞서가고.

A: You are driving really fast. 너 운전 정말 빨리 한다.
B: I want to get ahead of the other cars. 다른 차보다 앞서가려고.

be aware of

…을 알고 있다

써니쌤의 핵심강의

어떤 상황이나 사실에 대해서 「…을 알고 있다」, 「…을 깨닫고 있다」라는 의미. be aware of 다음에
는 명사, 또는 that 절(be aware of that S+V) 그리고 의문사 절(be aware of what/how~)
이 올 수 있다.

Point

I'm aware of that 잘 알고 있어
Are you aware of~ ? …을 알고 있어?

SPEAK LIKE THIS

● 그거 잘 알고 있어. 하지만 내가 할 수 있는 게 아무 것도 없다(there is nothing~)고 할 때
I'm well aware of that. But there's nothing I can do.

● 네 아내가 뭘 하고 있는지(what sb be doing) 알고 있어라고 물어볼 때
Are you aware of what your wife is doing?

A: Were you invited to join the science club?
B: Sure. I'm aware of where they will meet.

A: 과학클럽에 들어오라는 초대를 받았어?
B: 그래. 걔네들이 어디서 만날지 알고 있어.

be not aware of …을 알지 못하다

A: I was not aware of her crimes. 난 걔가 저지른 죄를 모르고 있었어.
B: She's been arrested many times. 걔 여러 번 체포된 적이 있어.

have no idea 모르다

A: So what are you going to do? 그래 너 뭐할거야?
B: I have no idea. 몰라.

pick out

고르다, 선택하다, 분간하다

써니쌤의 핵심강의

여러 개 중에서 잡아서(pick) 밖으로(out) 빼내는 장면을 연상하면 쉽게 이해할 수 있다. 즉 「선택하다」, 「고르다」라는 의미로 한 단어로 하자면 choose라 할 수 있다.

Point

Pick out whatever you want 뭐든 원하는 걸 골라
Why don't you go pick out~ 가서 …을 골라봐
I'm here to pick out~ …을 고르러 여기 왔어

SPEAK LIKE THIS

- 내가 오늘 오후에 드레스 고르는 것 도와줄게(help you+V)는

  I'm going to help you pick out dresses this afternoon.

- 디저트로 먹을 것(dessert to eat)을 골라보라고 할 때

  Please pick out a dessert to eat.

A: How did you pick out your car?
B: It was the most expensive car available.

A: 네 차는 어떻게 고른거야?
B: 구할 수 있는 가장 비싼 차였어.

get more

choose to do …하기로 선택하다, 결정하다

A: Why did you choose to get married to your wife? 넌 왜 네 아내와 결혼하기로 했니?
B: To me, she seemed better than anyone else.
나한테 있어서, 내 아내는 그 누구보다도 좋은 사람인 것 같았거든.

A: Did John come to the party? 존이 파티에 왔어?
B: No, he chose not to come. 아니, 오지 않기로 했나봐.

in fact

사실은

씨니샘의 핵심강의

앞서 말한 내용을 부가적으로 자세히 설명하거나 혹은 실제와 다른 내용을 털어놓을 때 사용하는
표현으로, 상대방이 모르고 있거나 예상못한 이야기를 꺼낼 때 서두로 하는 말인 as a matter of
fact와 같은 의미.

Point

> **In fact, I'm going to~** 사실, 난 …할거야
> **In fact, I think~** 사실, 난 …라 생각해

SPEAK LIKE THIS
- 사실, 회의에 아무도(no one~) 오지 않았어라고 할 때
  In fact, no one came to the meeting.

- 사실, 우리는 어떤 도움(help)도 필요없다고 할 때
  In fact, we don't need any help.

A: Had you met any of the women?

B: In fact, I'd never met them.

> A: 이 여자들 중 만나본 여자 있어?
> B: 사실, 절대로 만나본 적이 없어.

as a matter of fact 사실은

A: Have you ever been to Disneyland? 디즈니랜드에 가본 적이 있니?

B: No, as a matter of fact, I haven't. 아니. 실은 가본 적이 없어.

Actually 실은(추가정보, 새로운 화제 혹은 사람들 생각과 다른 실제 이야기할때)

A: Are you feeling okay? 괜찮니?

B: No, actually I'm feeling pretty sick. 아니. 실은 매우 아파.

for a moment

잠깐, 잠시

써니샘의 핵심강의

기간의 전치사 for와 시간명사인 moment가 합쳐진 부사구로 「잠시」, 「잠깐」이라는 의미. moment 대신 다른 시간명사인 second, minute을 써도 된다. 참고로 in a minute는 「잠시 후에」라는 뜻.

Point

talk for a minute 잠시 이야기하다
talk to sb for a second 잠시 …와 이야기나누다
excuse for a minute 잠시 실례하다
wait for a moment 잠시 기다리다

SPEAK LIKE THIS

● 여기서(here) 잠시 기다리라고 할 때
Wait here for a minute.

● 이리 와서(come over here) 잠시 나와 이야기하자고 할 때
Why don't you come over here and talk to me for a second?

A: Would you please excuse us for a moment?

B: Of course, you can call me when you're ready.

A: 잠시 지리 좀 비켜줄래요?
B: 그럼요, 준비되면 전화해요.

for the time being 당분간(for a long time은 오랫동안)

A: Where are you planning to live? 어디서 살 예정이야?

B: For the time being, we'll stay in this apartment. 당분간은, 이 아파트에서 머물거야.

for the present 당장은, 현재로서는

A: How is your father feeling? 네 아빠 상태가 어떠셔?

B: For the present, he seems healthy. 현재로는 건강하신 것 같아.

behind schedule

예정보다 늦게

써니쌤의 핵심강의

정해진 마감시간이나 계획된 시간을 넘기는 경우로 함께 외워 두어야 하는 표현은 반대의미인
ahead of schedule 그리고 계획된 시간에라는 on schedule이다.

Point

> **get[be] behind schedule** 일정이 늦다
> **ahead of schedule** 일정보다 빨리
> **on schedule** 예정에 맞춰

SPEAK LIKE THIS

- 일정이 늦어서 우리 모두 다 오늘 밤 늦게까지 남아야(stay late) 된다고 할 때

  Everyone has to stay late tonight because we're behind
  schedule.

- 비행기(the flight)가 예정보다 빨리 도착했어라고 할 때

  The flight arrived ahead of schedule.

A: How is the investigation going?

B: They say everything is on schedule.

  A: 조사가 어떻게 돼가고 있어?
  B: 모든 게 예정대로 돼가고 있대.

be scheduled to ···하기로 예정되어 있다

A: When is he scheduled to arrive at the airport?

  그 사람이 공항에 언제 도착할 예정이니?

B: He's supposed to arrive tomorrow after lunch. 내일 점심 후에 도착하게 되어 있어.

A: When is the train coming? 기차가 언제 도착해?

B: It is scheduled to arrive at eleven. 11시에 도착할 예정이야.

worry about

걱정하다

써니샘의 핵심강의

about 이후에 나오는 사람이나 사물이 잘못될까봐 「걱정한다」는 표현으로 be worried about 이라고 해도 된다. 뒤에 절을 이어 쓰려면 worry[be worried] that〜이라고 하면 된다.

Point

You don't need to worry about~ 넌 …걱정하지 않아도 돼
worry about sb ~ing …가 …하는 것을 걱정하다
Don't worry about~ …는 걱정하지마
Don't worry about it 걱정하지마

SPEAK LIKE THIS

● 내가 시험에 떨어질까봐(fail the exam) 너무 걱정된다고 하려면
I'm so worried that I might fail the exam.

● 우리가 시간에 맞게(on time) 거기에 가는데 늦을까봐 걱정된다고 하려면
I'm worried it's too late for us to be there on time.

A: **I'm worried** Pam won't come to the party.
B: Why? Is she still angry with you?

A: 팸이 파티에 오지 않을까봐 걱정돼.
B: 왜? 아직도 너한테 화나 있어?

get more

be worried about sb ~ing …가 …하는게 걱정되다

A: Jim and Erin have a strange relationship. 짐하고 에린은 관계가 이상해.
B: **I'm worried about them** fighting too much. 걔네들이 너무 많이 싸우는게 걱정돼.

be concerned about 염려하다

A: **I'm concerned about** my grades in school. 학교성적이 걱정돼요.
B: You should be. They seem very low. 그래야지. 매우 안좋은 것 같아.

1
A: See you in the morning.
B: Yes, bright and early and don't forget your jogging shoes.
A: _____ _____, I won't.
B: Have a good night!

A: 내일 아침에 봐.
B: 그래. 아침 일찍. 그리고 조깅화 잊지마.
A: 알았어. 걱정마.
B: 잘자!

2
A: What should we do this weekend?
B: _____ _____ driving down to Boston?
A: Can you get a car for the weekend?
B: I'm not sure. Let me ask my mother.

A: 주말에 뭐할 거니?
B: 보스톤까지 드라이브하는게 어때?
A: 주말에 차를 얻을 수 있어?
B: 잘은 모르겠지만. 어머니에게 물어볼게.

3
A: Are you feeling okay?
B: No, actually I'm feeling pretty sick.
A: I thought you were _____ better.
B: Me too, but I guess the infection is coming back.

A: 괜찮니?
B: 아니. 실은 많이 아파.
A: 나아지고 있다고 생각했는데.
B: 나도. 그런데 염증이 재발하는 것 같아.

4
A: The pants go well with the shirt.
B: What do you _____ _____ the vest?
A: It depends on what kind of look you want.
B: I want a semi-formal look.

A: 바지가 셔츠랑 잘 어울려.
B: 조끼는 어떤 것 같아?
A: 그거야 네가 원하는 스타일에 달렸지.
B: 난 반정장차림을 원해.

5
A: Could I speak to Louis, please?
B: He's not in yet.
A: Could you tell him Chris called?
B: Certainly. I'll _____ him the _____ when he gets in.

A: 루이스와 통화할 수 있을까요?
B: 자리에 안계시는데요.
A: 크리스가 전화했다고 해주시겠습니까?
B: 네. 오시면 전해드리겠습니다.

6 A: How did you two _____ together?

B: We met at a party in New York.

A: Are you two planning to get married?

B: Not just yet.

A: 둘이 어떻게 만났어?
B: 뉴욕의 한 파티에서 만났어.
A: 결혼할거야?
B: 아직은 아니야.

7 A: Why did you buy such an extravagant dress?

B: Because I like it. How much do you think it cost?

A: God only knows! I hope you didn't charge it.

B: Well, _____ _____ matter of fact, I did.

A: 왜 그렇게 터무니없이 비싼 옷을 샀냐?
B: 맘에 드니까. 얼마쯤 할 것 같아 보여?
A: 누가 알겠어! 카드로나 안했으면 좋겠다.
B: 근데, 사실은 그렇게 샀어.

8 A: What should I get my brother for her wedding?

B: How soon is she _____ _____?

A: Her wedding is on March 25th.

B: Don't worry, you've got lots of time to decide.

A: 형 결혼식에 뭘 선물을 해야 될까?
B: 결혼식 날이 얼마나 남았는데?
A: 3월 25일야.
B: 걱정 마, 아직 시간이 많이 있잖아.

Answers

1. **Don't worry** 걱정마 2. **How about (?)** …은 어때? 3. **(be) getting (better)** 점점 좋아지다
4. **think about** …에 대해 생각하다 5. **give (him the) message** 걔한테 메시지를 전해주다 6. **get (together)** 만나다 7. **as a (matter of fact)** 사실(in fact) 8. **(be) getting married** 결혼하다

영어말하려면
꼭 알아야 되는 표현들

I guess we'll have to star over again.

Chapter

4

113-151

Would you like to go out to lunch with me?

I'm not sure about the weather tomorrow.

I don't know when he will come back.

get ready to

…할 준비가 되다

써니샘의 핵심강의

be[get] ready to do[for+명사]~는 「…할 준비가 되어 있다」라는 의미로 내가 준비되어 있다고 말하려면 I'm ready to[for]. 반대로 상대방에게 준비되었냐고 물어볼 때는 Are you ready to[for]~?라고 하면 된다.

Point

Get ready to[for]~ …할 준비를 해
I'm ready to[for]~ …할 준비가 되었어
Are you ready to[for]~? …할 준비됐어?
I'm ready for this 나 이거 할 준비됐어

SPEAK LIKE THIS

● 상대방에게 놀랄(surprise) 준비하라고 할 때
   Get ready for a surprise.

● 식사(meal) 주문 준비되셨나요라고 물을 때
   Are you ready to order your meal yet?

A: Are you ready to start our trip?

B: Yes, it seems like we can leave.

   A: 여행갈 준비됐어?
   B: 어, 출발해도 될 것 같아.

be all set to[for]~ …할 준비가 되어 있다

A: Are you all set for your trip? 여행준비는 다 되었니?

B: I have a few more things to get and then I'll be ready.
   몇 가지 더 사야 할 것이 있는데 그러면 준비가 돼.

prepare for[to~] …할준비를 하다

A: Why do you have these books? 왜 이 책들을 갖고 있는거야?

B: I'm preparing to enter medical school. 의대들어 갈 준비를 하고 있어.

take a bath

목욕하다

써니쌤의 핵심강의 ─────────────

몸을 푹 담그고 하는 목욕을 bath라고 하고 「목욕을 하다」라고 하려면 take[have] a bath라고
하면 된다. 「샤워하다」는 take[have] a shower, 「세수하다」는 wash one's face, 「양치질하다」
는 brush one's teeth, 그리고 「머리감다」는 wash one's hair라 한다.

Point

I'm going to take a bath 나 목욕할거야
take a long hot bath 따뜻하게 목욕을 오래하다

SPEAK LIKE THIS
- 난 가서(go+V) 목욕을 할거야는

  I'm going to go take a bath.

- 내가 집에 왔을 때(got home) 태미는 목욕할 준비를 하고 있었어는

  Tammy was preparing to take a bath when I got home.

A: What do you do to relax?
B: I like to take a long hot bath.

  A: 어떻게 긴장을 풀어?
  B: 목욕을 오래 하는 걸 좋아해.

have[take] a shower 샤워하다

A: I'm sweaty because I exercised. 운동을 했더니 땀이 범벅이야.
B: Well, go take a shower. 저기, 가서 샤워해라.

A: Excuse me while I take a quick shower. 간단히 샤워할 동안 실례.
B: Sure, I'll wait here for you. 그래, 여기서 기다릴게.

stay up all night

밤을 새우다

써니샘의 핵심강의

공부를 하건, 직장일 하건 혹은 컴퓨터를 하건 간에 밤에 자지 않고 깨어있는 상태를 말하는 표현.
stay 대신에 be를 써도 된다. 밤새고 한 일까지 말하려면 stay up all night ~ing라 한다.

Point

be[stay] up all night ~ing 밤새고 …하다

SPEAK LIKE THIS
- 걔는 발표회 작업을 하느라(work on) 밤을 꼬박 샜다고 할 때
  She stayed up all night working on her presentation.

- 난 결혼문제로(about the wedding) 제니와 밤새 얘기했다고 할 때
  I stayed up all night talking with Jenny about the wedding.

A: Do you have anything exciting planned for tonight?

B: No! I'll be up all night studying for an exam!

   A: 오늘 밤 뭐 신나는 거 계획한 거 있어?
   B: 아니! 밤새우며 시험공부할거야!

stay up (late) (늦게까지) 자지 않다

A: I feel like I want to go to sleep. 자고 싶어.
B: You have to try to stay up and study. 자지 않고 공부하도록 해.

A: Come to bed now. 이제 자자.
B: I have to stay up late to finish this work. 늦게까지 해서 이 일을 끝내야 돼.

136

have no time

시간이 없다

써니쌤의 핵심강의

무척 바쁘다고 말하거나 혹은 시간은 있으나 뭔가를 할 시간은 없다고 말할 때 사용한다. 「…할 겨를이 없다」라고 생각하면 된다. time 뒤에 to[for~]를 붙이면 된다. 반대는 have (the) time to[for]~이다.

Point

I have no time to[for]~ …할 시간이 없다
I don't have time for this 나 이럴 시간 없어
Do you have time to~? …할 시간이 있어?

SPEAK LIKE THIS
- 난 그걸 끝낼(finish) 시간이 없을 것 같아라고 할 때
  I don't think I have the time to finish it.

- 집에 오는 길에(on one's way home) 저녁을 사가지고(pick up) 올 시간이 없어는
  I don't have time to pick up dinner on my way home.

A: Do you have time to talk about the project?
B: Not this morning, but I am free after two.
　A: 그 프로젝트 대해 얘기할 시간 있어?
　B: 아침엔 안 되고 2시 후에는 괜찮아.

have time to[for] …할 시간이 있다(have a lot of time to~는 …할 시간이 많다)

A: The plane is not due to arrive for another hour.
　한 시간 더 있어야 비행기가 도착할 거라는 군.
B: Then we have time for another drink. 그럼 한잔 더 할 시간이 있겠구나.

make time to[for] …할 시간을 내다

A: My brother is coming to town. 내 형이 시내에 온대.
B: You'll have to make time for his visit. 형의 방문에 너 시간을 내야겠다.

take sb to~

…을 …로 데리고 가다

써니쌤의 핵심강의

외식을 시켜주러 가든 영화를 보러 데리고 가든 sb를 다른 장소로 데려간다고 할 때 take sb to+ 장소의 형태로 써주면 된다. 귀에 익은 take me home이란 구절도 이에 속하는데 to+장소의 부사구 대신 home이 온 경우이다.

Point

take sb to lunch …을 데리고 가 점심을 사주다
take sb to the hospital …을 병원에 데려가다
Take me home right now 당장 날 집으로 데려다 줘
take sb there …을 그곳으로 데려가다

SPEAK LIKE THIS
- 크리스에게 내가 널 집에 데려다 줄까(do you want me to~)라고 물어볼 때
  Chris, do you want me to take you home?

- 난 걔를 공항에 데려다 줄 시간이 된다(be available)고 할 때
  I'm available to take her to the airport.

A: I've got to take Ron to the courthouse.
B: You can use my car.
   A: 난 론을 법정에 데려가야 돼.
   B: 내 차를 써라.

take sb out for ~ …을 데리고 나가 …하다

A: You are dressed nicely. 옷 멋지게 입었네.
B: I'm taking my parents out for dinner. 부모님 모시고 저녁 외식해.

A: We are going out for lunch, would you like to join us?
   점심먹으러 가는데 같이 갈래?
B: I am sorry I can't. I have another appointment. 미안하지만 안돼. 다른 선약이 있어서.

pass out

실신하다

써니쌤의 핵심강의 ———————————————

너무 덥거나 피로하거나 등등의 이유로 정신을 잃고 졸도하는 것을 말한다. 한 단어로 하자면 faint. 비슷한 의미의 black out은 「정전되다」「의식을 잃다」라는 뜻으로 pass out과는 약간 의미가 다르다.

Point

pass out behind the wheel 운전하다 의식을 잃다

SPEAK LIKE THIS
- 날씨가 너무 더워서(cause sb to~) 걔는 정신을 잃었다고 할 때
  The hot weather caused her to pass out.

- 내가 머리를 부딪혔을(hit one's head) 때 졸도했다고 할 때
  I passed out when I hit my head.

A: What happened when you told her the bad news?
B: She was shocked and she passed out.

A: 네가 걔에게 안좋은 소식을 말했을 때 어땠어?
B: 충격을 받고 의식을 잃었어.

get more

black out 정전되다, 기억못하다, 의식을 잃다(졸도하다라는 faint와는 좀 의미차이가 있다)

A: You drank a lot of beer. 너 술 너무 마셨어.
B: I know. I totally blacked out. 알아. 나 완전히 정신을 잃었어.

*pass away 사망하다

A: I can't believe the news about Nina's brother. 니나 오빠 소식이 믿기지 않아.
B: I know. He passed away at such an early age. 알아. 그렇게 젊은 나이에 죽다니.

give a ride

차를 태워주다

써니쌤의 핵심강의

차에 승차하는 것을 ride라고 하는데, 동사 give와 합해져서 give a ride하면 「차에 태워주다」는 의미이고, 화자 쪽에서 「차를 얻어 타다」라고 말하고 싶으면 동사 get을 가져와서 get a ride라고 하면 된다. 한가지 더. 이 때 ride 대신에 lift로 대체해도 좋다.

Point

ask sb for a ride 차를 태워달라고 하다
give sb a ride home …을 집에 차로 태워주다
get a ride 차를 얻어타다

SPEAK LIKE THIS

● 너 사무실까지(to the office) 태워다 줄까라고 물어볼 때
Do you want me to give you a ride to the office?

● 나 집까지(ride home) 좀 태워줄테야라고 물어볼 때
Will you get me a ride home?

A: Do you think you could give me a ride home?
B: Sure, but I'm not leaving until after six o'clock.

A: 집까지 좀 태워주실 수 있으세요?
B: 그러죠, 하지만 6시까지는 퇴근하지 못할 거예요.

pick up 고르다, 차로 데려오다, (건강 등이) 좋아지다, (기술을) 습득하다

A: I'll pick you up at seven. 7시에 데리러 갈게.
B: Don't be late. 늦지마.

A: What time are you getting picked up tonight? 오늘 밤 몇시에 널 데리러와?
B: Sally is supposed to pick me up around ten o'clock.
샐리가 10시 경에 날 픽업하기로 했어.

look up

찾아보다, 방문하다

써니쌤의 핵심강의

look up의 가장 잘 알려진 뭔가에 대한 「정보를 찾아보다」는 것으로 look up sb[sth] in[on]~
의 형태로 쓰인다. 하나 더 알아둔다면 look sb up으로 「방문하다」(visit)의 용법이다.

Point

look up sb[sth] in[on]~ …에서 …을 찾아보다
Look me up if~ …하면 내게 들러

SPEAK LIKE THIS
- 주소 좀 찾아볼테야라고 부탁할 때

Can you look up the address?

- 그거 인터넷에서(on the Internet) 찾아봐. 쉬워라고 할 때

You should just look it up on the Internet. It's easy.

A: Look it up in the filing cabinet.
B: I did, but the file is missing.

A: 파일함에서 그것 좀 찾아봐.
B: 찾아봤는데 그 파일을 없어.

look up to 존경하다(반대는 look down on)

A: You really like your uncle. 너 정말 네 삼촌을 좋아하는구나.
B: I've always looked up to him. 난 항상 삼촌을 존경했어.

A: Billy always wears dirty clothes. 빌리는 항상 지저분하게 옷을 입어.
B: You shouldn't look down on him. 걜 무시하지마.

see off

배웅하다

써니샘의 핵심강의 _____

공항이나 정거장 등에 가서 떠나는 사람을 배웅하는 것을 뜻한다. 거기까지는 가지 않고 문밖까지 나와서 잘 가라고 인사하는 것은 see out를 쓴다.

Point

see sb off at the station 정거장에서 …을 배웅하다

SPEAK LIKE THIS

● 문에서(at the door) 배웅할게라고 할 때는
I'll see you off at the door.

● 브래드가 여행가기 전에 배웅한 사람있냐고 물어볼 때
Did anyone see Brad off before the trip?

A: So your sister is going to France?
B: We're going to see her off at the airport.
   A: 그래 네 누나가 프랑스에 간다고?
   B: 공항에서 배웅할거야.

---

see out 집밖에서 잘가라고 인사하다

A: We're going to leave now. 우리 이제 그만 갈게.
B: Let me see you out. 집앞에서 인사할게.

send off 환송하다

A: Jeremy is joining the army. 제레미가 입대할거야.
B: Let's have a party to send him off. 환송파티를 열어주자.

know how to
…하는 법을 알다, 어떻게 …하는지 알다

써니샘의 핵심강의

know의 목적어로 의문사구인 how to do가 이어지는 경우로 「…하는 법을 알다」라는 의미.
know how 다음에 절이 올 수도 있다. 부정은 don't know how to~[S+V]라 한다.

Point

know how S+V …하는 법을 알다
don't know how~ …하는 법을 모르다
Do you know how to~? 어떻게 …하는지 알아?

SPEAK LIKE THIS

● 난 그걸 영어로(in English) 뭐라고 하는 지 몰라라고 할 때
I **don't know how to** say it in English

● 너 거기에 어떻게 가는지(get there) 알아?라고 물을 때
Do you **know how to** get there?

A: I **don't know** what I'm going to do.
B: Don't worry. You can try again!

A: 뭘 해야 할지 모르겠어.
B: 걱정마. 다시 한번 해봐!

---

know what to do 어떻게 해야할 지 알다

A: I'm sorry, but I **don't know what to** say. 미안하지만 뭐라 해야 할 지 모르겠어.
B: Maybe you should apologize to me. 내게 사과해야지.

know when[where] to do 언제[어디서] 할지 알다

A: When it comes to computer problems, I would ask Chris.
컴퓨터 문제에 관해서라면 나 같으면 크리스한테 물어 보겠다.

B: Do you **know where** he is right now? 지금 크리스가 어디에 있는지 알아?

take out

꺼내다, 제거하다

써니쌤의 핵심강의

잡아서(take) 밖으로(out) 꺼내는 것을 말하는 것으로 「꺼내다」, 「제거하다」, 「인출하다」라는 의미 등으로 쓰인다. 특히 식당에서 포장해서 가지고 나가는 음식 또한 takeout이라고 한다는 점을 기억해두자.

Point

take out the money 돈을 인출하다
take a loan out 대출받다

SPEAK LIKE THIS

● 쓰레기(garbage) 좀 밖에 내놓으라고 상대방에게 말할 때
Can you take out the garbage?

● 오늘 저녁먹을(for dinner) 음식 좀 포장해가지고 오라고 말할 때
Take out some food for dinner tonight.

A: The papers are in my briefcase.
B: Well, take out the important ones.

A: 서류들은 내 서류가방에 있어.
B: 어, 중요한 것들만 꺼내봐.

get takeout 포장음식을 사다

A: Do you want to sit down for dinner? 자리에 앉아서 저녁 먹을까?
B: No, let's just get takeout. 아니, 그냥 포장해가자.

A: God, I'm starving right now. 아이고, 배고파 죽겠네.
B: Let's get takeout from a Chinese restaurant. 중국식당에서 포장음식 사오자.

get sick of

질리다

써니쌤의 핵심강의

get sick은 「아프다」라는 뜻이 되지만 문맥에 따라 get[be] sick of하면 「넌덜리나다」, 「지겹다」, 「질린다」라는 뜻으로 쓰인다. 유명한 be fed up with와 같은 말.

Point

I'm sick of this 이거 정말 지겨워

SPEAK LIKE THIS

● 난 걔를 기다리는데(wait for) 질렸다라고 할 때
I got sick of waiting for him.

● 저 소음(noise)에 질리지 않았어?라고 물어볼 때
Don't you get sick of that noise?

A: I'm really getting sick of spring.

B: I don't like spring all that much myself.

    A: 난 정말 봄이 지겨워.
    B: 나도 봄이 그렇게 좋지는 않아.

be fed up with …에 싫증나다, 지겹다

A: Why are Jack and Brooke fighting? 왜 잭하고 브룩이 싸우는거야?

B: Brooke is fed up with Jack's behavior. 브룩이 잭의 행동에 넌더리가 난대.

A: I'm fed up with people borrowing money. 돈 빌리려는 사람들 때문에 짜증나.

B: Just don't lend it to them. 그냥 빌려주지마.

show off

자랑하다, 과시하다

써니샘의 핵심강의

자부심을 느끼는 것을 자랑하거나 다른 사람들 배아프라고 드러내놓고 과시하는 행동을 뜻하는 표현으로 한 단어로 하자면 boast. 따라서 문맥에 따라서는 부정적인 단어로 사용되는 경우도 있다는 것을 알아둔다.

Point

want to show off ~ …을 자랑하고 싶어하다
be dying to show off~ …을 몹시 자랑하고 싶어하다

SPEAK LIKE THIS

● 걔는 자신의 약혼반지(engagement ring)를 자랑했다고 말할 때
She showed off her engagement ring.

● 네가 과시할 때 사람들이 열받는다(make people angry)고 할 때
It makes people angry when you show off.

A: Allen is coming over.
B: He wants to show off his new car.

A: 앨런이 들를거야.
B: 걘 새로 뽑은 차를 자랑하고 싶어해.

show sb around …을 구경시켜주다

A: The new employee is here. 신입사원이 여기 있어요.
B: Show him around our office. 사무실을 구경시켜줘.

A: Could you show our guest around? 우리 손님들 둘러보도록 해줄래?
B: Sure, I'll give them a tour of the building. 그럼. 손님들 건물 구경시켜줄게.

have a lot of work to do
할 일이 많다

써니쌤의 핵심강의 _____

「처리해야 할 일이 많다」 「일이 수북이 쌓여있다」라는 의미로 바꿔 말하면 엄청 바쁘시다는 말씀. 모임에서 일찍 빠져나갈 때, 약속을 피할 때 요긴한 표현이다. a lot of 대신 much를 써서 have much (work) to do라 쓰기도 한다.

Point

I have a lot of work to do 나 할 일이 엄청 많아
There is a lot of work to do here 여기 할 일이 많아

SPEAK LIKE THIS
- 시간낭비마(not waste time). 우리 할 일이 엄청 많다고 할 때
  Don't waste time. We got a lot of work to do.

- 나도 그러고 싶지만(I wish I could but~) 안돼. 나 일이 엄청 많다고 할 때
  I wish I could but I can't. I have much work to do.

A: I came here to see if you were finished.
B: No, I still have a lot of work to do.

   A: 네가 일을 끝냈는지 보려고 여기 왔어.
   B: 아니, 아직 할 일이 아주 많아.

have much to do 할 일이 많다

A: You look stressed out. What's wrong? 너 스트레스로 지쳐보여. 뭐가 문제야?
B: I've got so much to do and I have to go now. 나 할 일이 너무 많아서 이제 가야겠어.

have much to+동사 …할 것이 많다, 많이 …하다

A: You've been busy at the computer. 너 컴퓨터로 무척 바쁘네.
B: I have much to write about. 작성해야 될게 많아서.

lend some money
돈을 빌려주다

써니쌤의 핵심강의

채권자가 되어서 돈을 다른 사람에게 빌려주는 것을 말하며 비슷한 단어로는 loan이 있다. 반대로 돈을 빌리는 것은 borrow money from이라고 쓴다.

Point

lend sb some money …에게 돈을 좀 빌려주다
give sb some money …에게 돈을 좀 주다
burrow some money from …에게서 돈 좀 빌리다
Could you lend me some money? 돈 좀 빌려줄테야?

SPEAK LIKE THIS

● 난 존에게 20 달러를 빌려줄거야라고 할 때
I'll lend twenty dollars to John.

● 난 누나로부터 돈 좀 빌릴거야(be going to)라고 할 때
I'm going to borrow some money from my sister.

A: Why is Mark upset with you?
B: I won't lend a thousand dollars to him.

　A: 왜 마크가 너한테 화가 난거야?
　B. 걔한테 천달러를 빌려주지 않을거여서.

loan ~ to sb …에게 …을 빌려주다

A: Could you loan your computer to me? 네 컴퓨터 좀 빌려줄테야?
B: No, I need to use it. 안돼, 나 사용해야 돼.

get some money 돈이 좀 생기다

A: I will get you a present as soon as I get some money.
　돈이 생기는 대로 너한테 선물을 사줄게.
B: Thanks a lot. 고마워

have a fight

싸우다

써니쌤의 핵심강의 _____

치고 박고 싸우다라고 할 때는 have a fight. 「큰 싸움을 벌이다」라고 할 때는 have a big fight
라고 한다. 살짝 어렵게 말하려면 get[go] into a fight라고 하면 된다.

Point

have a really big fight 대판 싸우다
fight with sb …와 싸우다

SPEAK LIKE THIS

● 남편과 싸웠다고 말할 때
I've just had a fight with my husband.

● 내 부모님들이 싸울 때 정말 싫더라(I hate it when~)고 말할 때
I hate it when my parents have a fight.

A: He was wrong about that.
B: Still, you didn't need to get into a fight.

A: 걔가 그것에 대해 틀렸어.
B: 그래도, 네가 싸울 필요는 없었어.

---

go[get] into a fight 싸우다

A: What happened between you and Carrie? 너하고 캐리 사이에 무슨 일야?
B: Well, we got into a fight. 어 싸웠어.

start a fight with …와 싸움을 시작하다

A: How did John get beat up? 존이 왜 얻어터진거야?
B: He started a fight with a big man. 걔가 덩치 큰 사람에게 싸움을 걸었거든.

a little bit

약간의, 조금

써니쌤의 핵심강의

구어체에서 참 많이 쓰이는 표현으로 「조금」, 「약간」이라는 의미로 쓰인다. a bit이나 a little만을 써도 되지만 a little bit은 조금을 강조할 뿐만 아니라 그 발음의 운율로 자연스럽게 되어 실제 네이티브들이 자주 사용하는 표현이다. 동사 뒤에서 부사로 혹은 형용사 앞에 위치한다.

Point

a little bit of+N 약간의 …
a little bit +형용사 약간 …한
arrive a little bit early 조금 일찍 도착하다

SPEAK LIKE THIS

● 케익 조금만 달라고 할 때
Give me a little bit of cake.

● 시간이 조금 더 필요하다(I need~)고 할 때
I need a little bit of extra time.

A: Would you like some more wine?
B: Sure, pour me a little bit.

　A: 와인 좀 더 먹을래?
　B: 좋지, 조금만 더 따라줘.

kind of 약간, 조금

A: Do you think you can give me a hand today? 너 오늘 나 도와줄 수 있을 것 같아?
B: I am kind of busy this morning. 오늘 아침 좀 바쁜데.

sort of 약간, 조금

A: It's sort of cold outside. 밖이 좀 추워.
B: I'd better wear my jacket. 재킷을 입는 게 낫겠어.

be impressed

감동을 받다

써니쌤의 핵심강의 _____

요즘 그런 일이 드물지만 뭔가에 마음을 움직일 정도의 감동을 받았을 경우에 쓰는 표현으로 be impressed를 알아둔다. 그밖에 감동하면 나오는 표현으로는 be moved, 그리고 touching 등이 있다.

Point

I'm impressed with~ 난 …에 감동받았어
Are you impressed? 너 감동받았어?

SPEAK LIKE THIS
- 너 일 잘했어!(do a good job) 난 정말 감동받았어라고 하려면
  You did a good job! I was very impressed.

- 숀, 난 너의 열심히 일하는 거(hard work)에 감동받았어는
  Sean, I am impressed with your hard work.

A: I studied with him at university many years ago.
B: I bet the professors were impressed with his intelligence.

　　A: 난 오래 전에 그 친구랑 같은 대학에서 공부했었어.
　　B: 그 친구가 너무 똑똑해서 교수들이 상당히 감탄했겠는 걸.

be moved 감동받다

A: I loved the speech the president gave. 사장이 한 연설이 맘에 들었어.
B: We were all moved by it. 우리들 모두 감동받았어.

touching 감동적인

A: Did Kenny give you a present? 케니가 너한테 선물했어?
B: Yes, it was a touching gesture. 어. 그건 감동적이었어.

send sb an email

이메일을 보내다

써니쌤의 핵심강의 _____

시대의 변화에 따라 이제는 편지보다는 인터넷으로 이메일을 보내는 경우가 일반화되었다. 이렇게 「이메일을 보낸다」고 할 때는 send an email to~, 반대로 「이메일을 받는다」는 get an email이라고 하면 된다. 아예 email을 동사로 써서 「이메일을 보내다」라고 써도 된다.

Point

get an email from …로부터 이메일을 받다
check one's email 이메일을 확인하다

SPEAK LIKE THIS
- 날 만나고(meet sb) 싶으면 내게 이메일을 보내라고 할 때
  If you want to meet me, send me an e-mail.

- 레오는 옛여친(ex-girlfriend)으로부터 이메일을 받았다고 할 때
  Leo got an e-mail from his ex-girlfriend.

A: Everyone must attend the meeting.
B: Send an e-mail to remind them.

  A: 모두 다 회의에 참석해야 돼.
  B: 기억나게 이메일을 보내.

email sb 이메일을 보내다

A: E-mail me to let me know how you're doing. 어떻게 지내는지 궁금하니까 이메일보내.
B: I will. But I don't have your e-mail address. 그럴게. 그런데 이메일 주소를 모르는데.

text (message) 문자를 보내다(send a text 역시 문자를 보내다)

A: How often do you text message your friends? 네 친구들에게 얼마나 자주 문자를 보내?
B: Oh, I do that all day long. 어, 하루 온종일 하지.

skip school

학교를 빼먹다

써니쌤의 핵심강의 _____

skip은 뭔가 할 것을 하지 않고 건너뛰는 것을 말하는 것으로 skip school하게 되면 학교를 가지 않고 빼먹는 것을 말한다. 역시 skip work하면 결근하는 것을 뜻한다.

Point

skip school 결석하다
skip work 결근하다
skip dinner 저녁을 건너뛰다
play hooky[truant] from (학교, 직장) 땡땡이치다

SPEAK LIKE THIS
- 학교를 빼먹는 건 금지였어(be not allowed to)라고 말할 때
  You weren't allowed to skip school.

- 내일을 그냥 땡땡이 치자고 할 때
  Let's just play hooky tomorrow.

A: I feel like goofing off today.
B: Do you want to play hooky?

　A: 나 오늘 땡땡이 좀 치고 싶어.
　B: 회사를 빼먹겠다는 거야?

drop out (of~) 중퇴하다(dropout은 명사로 중퇴자를 뜻한다)

A: My brother dropped out of school at 19. 내 형은 19세에 중퇴했어.
B: Why did he drop out of university? 왜 대학을 중퇴했어?

quit school 학교를 그만두다(quit만으로도 학교나 직장을 그만두다라는 뜻으로 쓰인다)

A: Brian's mom passed away yesterday. 브라이언의 엄마는 어제 돌아가셨어.
B: That means he'll have to quit school. 그래서 걔는 학교를 그만둬야 될거야.

as I said

내가 말했듯이

써니샘의 핵심강의 _____

부탁, 충고, 비난 등 여러 상황에서 상대방 기억을 상기시킬 때, 혹은 단순히 자신이 말한 내용을 다시 정리하고자 할 때 시작하는 문구.

Point

as I said from the start 처음부터 말했듯이
as I said before 전에 말했듯이

SPEAK LIKE THIS

● 하지만 내가 말했듯이, 난 정말이지 아직 결정하지(decide) 못했어는
But as I said, I haven't really decided yet.

● 내가 전에 말했듯이, 난 단지 그걸 잊으려고(put it behind me) 할 뿐이야라고 할 때
As I said before, I'm just trying to put it behind me.

A: Should we visit the museum?

B: As I said before, it's closed today.

　A: 박물관을 가야 돼?
　B: 내가 전에 말했듯이, 오늘은 안한다니까.

---

like I said (before) (전에) 내가 말했드시

A: Why did you come home so late last night? 지난 밤에 왜 그렇게 늦게 왔니?
B: Mom, like I said, the bus was delayed. 엄마, 내가 말했잖아, 버스가 늦게 왔다고.

as I told you (before, earlier) [전에, 일전에] 내가 말했듯이

A: I need some extra money. 난 돈이 좀 더 필요해.
B: As I told you, I'm broke. 내가 말했듯이, 난 빈털터리야.

look out for

찾다, (안전하도록) 조심[주의]하다

써니쌤의 핵심강의

먼저 기본적으로 뭔가 혹은 사람을 「찾다」라는 의미이고 다음으로는 「조심하다」(watch out), 「돌보다」(take care of) 등의 뜻으로 쓰이는 표현이다. 그냥 Look out!하면 뭔가 사고나 위험이 닥친 사람에게 "조심해!"라고 외치는 소리.

Point

look out for one's brother …의 동생을 돌보다
look out for each other 서로 돌보다
look out for the pickpocket 소매치기 당하지 않도록 조심하다

SPEAK LIKE THIS
● 학교에서(at school) 네 누이를 잘 돌보라고 할 때
Look out for your sister at school.

● 내가 토마스에게 너를 잘 돌보라고 말할게(tell sb to~)는
I will tell Thomas to look out for you.

A: Did you see my glasses?
B: No, but I'll look out for them.

A: 내 안경 봤어?
B: 아니, 하지만 내가 찾아볼게.

---

watch out 조심하다

A: Watch out! You almost hit the car! 조심해! 차 칠뻔했잖아!
B: Relax, I'm good driver. 진정하라고, 나 운전잘해.

watch out for 주의하다, 조심하다

A: I'm going to take a taxi. 나 택시탈거야.
B: Watch out for dishonest taxi drivers. 속여먹는 기사들 조심해.

pay for

…에 대한 비용을 치르다

써니쌤의 핵심강의

pay for 다음에는 돈을 왜 지불해야 되는 명사가 오게 된다. 「저녁식사비를 내다」는 pay for dinner, 「주차비를 내다」는 pay for the parking 처럼 말이다. 돈을 지불하는 사람까지 함께 쓰려면 pay sb for sth이라고 하면 된다.

Point

How do you pay for~? …을 어떤 식으로 지불하시겠어요?
pay for one's rent 임대료를 내다
pay for the gas 기름값을 내다
pay the bill 청구서를 지불하다

SPEAK LIKE THIS

● 우리는 우리 식사(our meal)비를 내야 된다고 말할 때
We need to **pay for** our meal.

● 난 걔에게 텔레비전 비용을 치뤘어라고 할 때
I **paid her for** the television.

A: How would you like to **pay for** this?
B: With my credit card, if it's all right.
　A: 어떻게 계산하시겠습니까?
　B: 괜찮다면 신용카드로 내겠어요.

pay+돈+for sth …에게 …에 대한 돈을 지불하다

A: How much did your shoes cost? 네 신발은 얼마 들었어?
B: I **paid a hundred dollars for** them. 백달러 들었어.

pay sb back …에게 돈을 갚다

A: Do you promise to **pay me back**? 돈 갚는다고 약속하는거지?
B: You have my word. 내 약속할게.

as you know

알다시피

써니쌤의 핵심강의

상대방도 이미 알고 있는 사실을 상기시키며 다시 언급하고자 할 때 사용하는 표현법. 비슷한 의미
의 표현으로는 as you see, as you can see 등이 있다.

Point

As you know, I think~ 알다시피, 내 생각은 말야~
As you know, it's my job to~ 알다시피, 내 일은 …하는거야

SPEAK LIKE THIS
- 알다시피, 내 일은 신디를 돌보는(look out for) 거야라고 할 때
  As you know, it's my job to look out for Cindy.

- 알다시피, 크리스마스가 곧 다가온다라고 할 때
  As you know, Christmas is coming soon.

A: Sheila is my best friend.

B: As you know, I can't stand her.

A: 쉴라는 내 가장 친한 친구야.
B: 알다시피, 난 걔를 참을 수가 없어.

as you see 보다시피

A: Why is traffic so slow? 왜 이리 차가 막히는거야?
B: As you see, it is rush hour. 보다시피, 러시아워잖아.

as you can see 보는 바와 같이

A: As you can see, George is smart. 네가 알듯이, 조지는 똑똑해.
B: Yes, he knows all of the answers. 맞아, 걔는 모르는게 없어.

get fat

살찌다

써니샘의 핵심강의

남녀모두 날씬함이 미덕인 이 시대 최고의 못된 표현. get fat 외에 put on weight라고도 한다.
반대로 「살이 빠지다」는 lose weight라 하면 된다.

Point

get a little fat 살이 좀 찌다

SPEAK LIKE THIS

● 패스트푸드를 먹으면 살이 찌는(make sb fat) 것 같아는
  I feel like fast food is making me fat.

● 걘 운동을 그만 둔(stop exercising) 이후로 살이 쪘어라고 할 때
  He got fat after he stopped exercising.

A: You shouldn't eat so much chocolate.
B: What's the harm? I'm not getting fat.

  A: 초콜렛 그렇게 많이 먹으면 안돼.
  B: 밑질 것 없어. 살도 안쪄.

put on some weight 살이 좀 찌다(put on 대신에 gain을 써도 된다.)

A: You gained some weight. 너 살쪘어.
B: What do you mean by that? Am I fat? 그게 무슨 말이야? 내가 뚱뚱하다고?

lose some weight 살이 좀 빠지다

A: I wish I could lose some weight. 살을 좀 빼고 싶어.
B: It's what's inside that counts. 중요한 건 육체의 내면이라구.

take medicine

약을 먹다

써니쌤의 핵심강의

medicine은 약을 뜻하는 단어로 동사는 take를 받아서 take medicine 혹은 take the medicine하게 되면 「약을 먹다」라는 뜻이 된다.

Point

take some medicine 약을 좀 먹다
need some medicine 약을 좀 먹어야한다
cough medicine 기침약

SPEAK LIKE THIS

- 당장, 너 좀 약 좀 먹어래(need sb to~)고 할 때
  Right now, I need you to take some medicine.

- 약을 먹어, 그렇지 않으면 좋아지지(get better) 않을거야라고 충고할 때
  Take the medicine or you won't get better.

A: Should I drink or eat anything while I'm taking the medicine?

B: No, the food poisoning will just get worse.

  A: 약을 복용하는 동안 뭘 마시거나 먹어도 되나요?
  B: 안돼요. 식중독이 더 악화될 뿐이에요.

take the [one's] medication 약을 먹다(be on medication 약물치료 중이다)

A: Did your grandma take her medication? 네 할머니께서 약을 드셨어?

B: Yes, she took it at noon. 어. 정오에 드셨어.

take the pills 알약을 먹다(take so many vitamins 비타민을 많이 섭취하다)

A: I hate to use medicine. 난 약을 먹는 걸 싫어해.

B: But you must take your pills. 하지만 너 반드시 약을 먹어야 돼.

see a doctor

병원가다, 진찰받다

써니쌤의 핵심강의 _____

「의사를 만나다」라는 얘기는 다시 말하면 「병원에 가다」 혹은 「병원에 가서 진찰받다」라는 의미가 된다. go to a doctor라고 해도 된다.

Point

go to a doctor 병원에 가다
go and see a doctor 병원에 가서 진찰받다
take sb to the doctor[hospital] …을 병원에 데려가다
go visit sb in the hospital …의 병문안을 가다

SPEAK LIKE THIS

● 너 병원에 가서 의사선생님 얘기를 들어봐(had better)라고 할 때
You'd better go to the doctor and get his opinion.

● 실은 걔네들이 글로리아를 병원에 데려갔다고 들어어(I heard~)라고 하려면
I heard that they actually took Gloria to the doctor.

A: I'd like to see the doctor.

B: Please fill in this form about your medical history.

A: 진찰 좀 받고 싶은데요.
B: 이 양식에 병력(病歷)을 기입해 주세요.

consult a doctor 진찰받다

A: My chest has been hurting lately. 가슴이 최근에 아팠어.

B: You'd better consult a doctor. 의사에게 진찰받아봐.

go to hospital 입원하다(get to the hospital은 병원에 도착하다)

A: Have you ever been to a community hospital? 지역병원에 가본 적이 있어?

B: Yes, my son was hospitalized in one last year.
어, 아들이 작년 한해 병원에 입원해있었어.

instead of

대신에

써니쌤의 핵심강의

instead of sb[sth]는 of 뒤에 나오는 sb나 sth 대신에라는 말로 sb. sth은 선택에서 탈락하고 다른 사람이나 사물을 취했다는 의미이다. instead of 다음에 ~ing가 오기도 한다.

Point

instead of ~ing …하는 대신에
in place of …대신에

SPEAK LIKE THIS

- 난 차 대신에 커피를 하겠다(have coffee)고 할 때
  I'll have coffee instead of tea.

- 괜찮다면, 난 금요일 대신 내일 쉴게(take~off)라고 말할 때
  If it's okay with you, I'll take tomorrow off instead of Friday.

A: Take whichever gift you'd prefer.
B: I'll take the large gift instead of the small one.
　A: 네가 맘에 들 선물 아무꺼나 골라.
　B: 작은 거 대신에 큰 거 고를래.

the other way (around) 반대로, 거꾸로(look the other way 외면하다)

A: The path ahead is blocked. 앞에 길이 막혔어.
B: We'd better go the other way. 다른 길로 가는 게 낫겠어.

on the contrary 그와는 반대로

A: Mr. Johnson is always unkind. 존슨 씨는 항상 불친절해.
B: On the contrary, I think he's a nice man. 그 반대로, 난 좋은 사람같던데.

move to

이사가다

써니샘의 핵심강의 _____

move to는 「…로 이사가다」, move out은 「이사를 나가다」, 반대로 「이사해 들어오는 것」은 move in을 쓰면 된다. 그리고 「같이 살다」, 「동거하다」는 move in with라 하면 된다.

Point

move here for university 학교 때문에 이리로 이사하다
help sb move …가 이사하는 것을 돕다

SPEAK LIKE THIS

● 다른 도시(another city)로 이사가지말라고 조를 때
  Don't move to another city.

● 난 다음 주에 이사간다고 말할 때
  I'll move out next week.

A: Do you still have that old motorbike?
B: No, I left it behind when I moved to Chicago.
  A: 너 그 낡은 오토바이 아직 갖고 있어?
  B: 아니, 시카고로 이사갈 때 버렸어.

move from …로 부터 이사하다(move away는 이사가버리다)

A: Are you originally from New York? 너 뉴욕 태생이야?
B: No, I moved here from California. 아니, 캘리포니아에서 이사왔어.

move in with 동거하다

A : How about I move in with you? 내가 들어가 살면 어때?
B : Well, that would be great 어. 그럼 좋지.

at the end of

…의 말에, …의 끝에

써니쌤의 핵심강의 _____

평이하지만 실제 많이 쓰이는 표현으로 at the end of+시간명사가 나오면 「…의 끝에」, 「…의 말에」라는 뜻이 된다. 예로 at the end of the month하면 「월말에」, at the end of the week하면 「주말에」라는 의미.

Point

at the end of the week 주말에
at the end of the year 연말에
at the end of the meeting 회의가 끝날 무렵
***at the end of the day** 마침내, 가장 중요한 것은

SPEAK LIKE THIS

● 월말에 좀 쉴려고(take time off) 한다고 말할 때
I'm going to take time off at the end of the month.

● 인터뷰가 주말에 있으니 행운을 빌어줘(wish sb luck)라고 할 때
My interview is at the end of the week, so wish me luck!

A: Are you going to the staff meeting tonight?
B: I might show up at the end of the meeting.

A: 오늘 밤에 있을 직원회의에 갈거니?
B: 회의가 끝날 때 쯤에 모습을 보일지 몰라.

by the end of~ …말까지

A: We need to get this job done by the end of the month.
이 일은 월말까지 끝내야 돼.

B: But that will take at least 4 months to do. 하지만 적어도 네 달은 걸리는데요.

A: This report is difficult to complete. 이 보고서는 마치기가 어렵네.

B: Well, it's due by the end of the day. 어, 오늘까지 끝내야 돼.

hold on

꽉잡다, 기다리다

써니샘의 핵심강의

hold on은 기본적으로 뭔가를 「손으로 꽉잡다」라는 뜻이며 일상회화에서는 「기다리다」(wait)라는 의미로 많이 쓰인다. 특히 전화가 왔을 때 상대방보고 기다리라고 할 때 이 표현을 쓰면 된다. 그렇다고 전화상에서만 쓰이는 것은 아니다.

Point

hold on a moment 잠시 기다리다

SPEAK LIKE THIS

● 잠시만 기다려 줄래? 다른 전화(another call)가 왔다고 할 때
Can you **hold on** a moment? I have another call.

● 잠깐만, 내가 가서 크리스를 데려올게(go get sb)라고 할 때
Hold on, let me go get Chris.

A: There's a telephone call for Bill.
B: **Hold on,** I'll go find him.

    A: 빌에게 전화왔는데.
    B: 잠깐, 내가 가서 찾아볼게.

---

hang on 기다리다

A: I need to talk with you. 나 너하고 얘기해야 돼.
B: **Hang on,** let me finish here. 잠깐만, 여기 일 좀 끝내고

wait a second[moment] 잠시 기다리다

A: Is there someone who can speak English? 영어 하는 사람 있어요?
B: **Wait a minute** and I'll get Mr. Suh. 잠시만요, 서선생을 바꿔줄게요.

at least

적어도

써니쌤의 핵심강의

「최소한」, 「적어도」라는 기본표현으로 수를 말할 때 확실하지는 않지만 최소한 그 이상임을 암시할 때 사용한다. 강조하려면 at the very least라고 하면 된다.

Point

at the very least 적어도

SPEAK LIKE THIS
- 걘 일주일에(a week) 적어도 세 번은 영화보러 간다고 할 때

  She goes to the movies at least three times a week.

- 우리는 적어도 20명을 해고해야(have to lay off) 될거야는

  We're going to have to lay off at least twenty people.

A: How long has she been here?

B: She's been here at least twenty years.

  A: 걔가 얼마나 오래 여기 있었는데?
  B: 못해도 20년은 여기서 근무했어.

at best 기껏해야, 고작

A: How much will the car repair cost? 자동차 수리비가 얼마나 들까요?

B: At best, it will be over six hundred dollars. 기껏해야, 6백 달러 좀 넘을거예요.

at most 많아야

A: At most, we'll be here for a few hours. 우리는 많아야 몇시간 여기에 있을거야.

B: Then we'd better get to work. 그럼 우리는 일하러 가야겠네.

have something to do with
관련이 있다

써니샘의 핵심강의

주어와 with 이하의 것과 어떤 연관이라든가 관련이 있다고 말하는 표현. with 다음에는 사람이나 사물이 올 수 있다. have to do with라고 해도 되며, 반대는 have nothing to do with라 하면 된다.

Point

It has something to do with~ 그건 …와 연관이 있어
***have something to do** 할 일이 있다
***there is something to do** 할 일이 있다

SPEAK LIKE THIS

● 넌 그것과 무슨 관련이 있는 것 같아(I think~)는
I think you have something to do with it.

● 걘 그 강도사건(the robbery)에 관련이 있었다고 할 때
He had something to do with the robbery.

A: Why are bus fares so expensive?
B: It has something to do with the price of gas.
　　A: 버스요금이 왜 이리 비싸?
　　B: 기름값과 연관이 있어.

have to do with …와 관련이 있다

A: What does that have to do with the project? 저게 그 프로젝트와 무슨 관련이 있어?
B: Nothing, but I thought it was interesting. 없어, 하지만 흥미롭다는 생각이 들었어.

have nothing to do with …와 아무런 관계가 없다

A: I just finished my report. 난 방금 보고서를 마쳤어.
B: Good, but that has nothing to do with our project.
잘했어, 하지만 그건 우리 프로젝트와는 아무런 관계가 없어.

be proud of

…을 자랑스러워하다

써니쌤의 핵심강의

be proud of = take pride in = pride oneself on이라고 공식처럼 외웠던 필수표현. be proud of 다음에 자신이 자랑스럽게 생각하는 대상을 말하면 된다.

Point

I'm so proud of you 네가 정말 자랑스러워
We take pride in ~ 우리는 …에 자부심을 느낀다

SPEAK LIKE THIS
● 상대방이 최근에 승진(recent promotion)한 것을 자랑스럽다고 말할 때
I'm so proud of your recent promotion.

● 멋진 플레이를 하기(play nicely) 때문에 우리는 우리 국가대표팀에 자부심을 느낀다는
We can take pride in our national team because they play nicely.

A: Linda was accepted into Harvard.
B: Her parents must be proud of her.

   A: 린다는 하바드에 합격했어.
   B: 부모님들이 자랑스러워 하시겠다.

Congratulations! 축하해!(Congratulations는 항상 복수형태이다.)

A: My wife and I just had a baby boy. 사내아이를 낳았어.
B: Great! Congratulations! 잘됐네. 축하해.

Congratulations on~! …을 축하해!

A: Congratulations on your wedding. 네 결혼 축하해.
B: Thank you so much. 고마워.

because of

···때문에

써니샘의 핵심강의

이유를 말하는 가장 기본적이면서도 많이 쓰이는 표현. 중요한 점은 because of 다음에는 명사 형태가 오고 because 다음에는 주어+동사의 절이 온다는 것이다.

Point

That's because S+V ···하기 때문이다

SPEAK LIKE THIS

● 너무 멀리(far out) 헤엄치는 것은 보트들 때문에 위험하다고 할 때
  Swimming too far out is dangerous because of all the boats.

● 날씨가 안좋아서(bad weather) 교통이 막히나보다라고 할 때
  Maybe he got caught in traffic because of the bad weather.

A: Why are you so angry with me?

B: Because you always take her side.

> A: 왜 나한테 그렇게 화가 난거야?
> B: 네가 항상 걔편만 들잖아.

due to ··· 때문에

A: Did you go to the concert? 너 그 콘서트에 갔어?

B: No, it was cancelled due to some problems. 아니. 좀 문제가 있어서 취소됐어.

for that reason 그 때문에

A: The membership fee is one hundred dollars. 회비는 백 달러야.

B: For that reason, you shouldn't join. 그 때문에 너 가입하지마라.

for nothing

무료로, 헛되이

써니샘의 핵심강의

for nothing은 두 가지 의미가 있다. 첫번째는 돈을 내지 않는, 즉 「무료로」라는 뜻이고 또 다른 의미는 아무런 이유나 목적없이, 즉 「의미없이」, 「헛되이」라는 의미이다.

Point

do sth for nothing 헛수고하다

SPEAK LIKE THIS

● 걘 무료로 내 컴퓨터를 수리해(fix~)줬다고 할 때
He fixed my computer for nothing.

● 우리는 무척 걱정했는데(be worried) 아무 일도 아니었다고 할 때
We were so worried, and it was for nothing.

A: I can't believe I did all that research for nothing!

B: The boss didn't want to see the results?

A: 세상에, 내가 한 연구가 모조리 헛수고였어!
B: 사장이 결과를 알고 싶어하지 않았어?

get more

for free 무료로

A: What did she say to me about the hat? 모자에 대해 점원이 나한테 뭐라고 한거야?

B: She said she would give you an extra hat for free. 모자 하나를 덤으로 주겠대요.

free of charge 무료로

A: How much is the delivery? 운송비는 얼마죠?

B: It's free of charge because your order is over a hundred dollars.
100달러 이상 주문을 했으니까 무료입니다.

stand for

…을 나타내다, …에 찬성하다

써니샘의 핵심강의

"What does FBI stand for?"라는 문장에서 보듯 stand는 특히 약어 등이 무얼 상징하냐, 무얼 뜻하냐라고 물어볼 때 쓰는 필수표현이다. 이때는 represent의 뜻. 또한 stand (up) for는 찬성하다, 동의하다는 뜻으로도 쓰인다.

Point

What does A stand for? A는 뭘 뜻해?

SPEAK LIKE THIS
- CD는 compact disc를 뜻하는거라고 할 때
  CD stands for compact disc.

- 걔네들은 자신들의 믿음(belief)을 옹호했다고 말할 때
  They stood up for their beliefs.

A: What are your club's values?
B: Our club stands for hard work and honesty.
> A: 너희 클럽의 가치는 뭐야?
> B: 우리 클럽은 근면과 정직을 뜻해.

get more

stand up for …을 옹호하다, 지지하다(for 다음에는 사람이나 사물이 올 수 있다)

A: I heard someone wanted to fight you. 어떤 사람이 너와 겨루고 싶다며.
B: Yes, but my friends stood up for me. 어, 하지만 내 친구들이 나를 지지했어.

take sides 편들다

A: Which political party do you support? 넌 어느 정당을 지지해?
B: I try not to take sides. 난 어느 쪽도 편들지 않으려고.

take action

조치를 취하다

써니쌤의 핵심강의 _____

어떤 사태나 발생된 문제를 해결하기 위해 뭔가 「행동이나 조치를 시작하다」라는 표현. action 대신에 step이나 measure을 쓰기도 한다.

Point

take action to~ …하기 위해 조치를 취하다

SPEAK LIKE THIS

● 정부가 행동을 하는 데는 엄청난 시간이 걸린다(take forever)고 비아냥거릴 때
The government takes forever to take action.

● 우리는 이 안건(bill)들에 조치를 취해야 한다고 할 때
We'd better take action on these bills.

A: The deadline is coming soon.
B: Well, it's time to take action.

　　A: 마감시간이 다가오고 있어.
　　B: 어, 조치를 취해야 할 때이야.

---

take steps 조치를 취하다(take some steps는 조치들을 일부 취하다)

A: Our water heater is broken. 우리 온수기가 망가졌어.
B: You'd better take steps to fix it. 수리하기 위한 조치를 취해라.

take measures 조치를 취하다

A: The project is not going well. 그 프로젝트가 잘 안되고 있어.
B: You'd better take measures to finish it. 그걸 끝낼 조치를 취해.

do with

…을 어떻게 하다

써니쌤의 핵심강의

"What're you going to do with your bonus?"에서 보듯 주로 의문문에서 with 이하를 어떻게 할 것인가 상대방에게 물어볼 때 쓰는 표현이다.

Point

What're we going to do with~? 우리 …을 어떻게 하지?
What do you want to do with it? 그걸 어떻게 하고 싶어?

SPEAK LIKE THIS

● 걔가 여기 오면(get here) 걔를 어떻게 할거야?는
What are you going to do with her when she gets here?

● 여유 돈(extra money)으로 뭘 할거야라고 물어볼 때
What will you do with your extra money?

A: What are you going to do with the offer?
B: I'm pretty sure I'm going to turn it down.

A: 그 제안을 어떻게 할거야?
B: 거절하게 될 게 분명해.

What did you do with~? …를 어떻게 한거야?

A: What did you do with my history book? 내 역사책 어떻게 한거야?
B: I put it on the shelf above the desk. 책상 위 책꽂이에 올려놨어.

A: What did you do with the salt? 소금 어떻게 한거야?
B: It's right on the kitchen table. 바로 식탁에 있잖아.

1
A: I didn't order this!

B: I'm sorry, I'll get you your food right _____.

A: Could you please hurry? I'm in a _____ of a rush.

B: I'll _____ my best.

A: 이건 제가 주문한 음식이 아니잖아요!

B: 죄송합니다. 곧 주문하신 음식을 갖다드리겠습니다.

A: 빨리 좀 주세요, 제가 좀 바쁘거든요.

B: 최선을 다하겠습니다.

2
A: Do you think you could give me a _____ _____ ?

B: Sure, but I'm not leaving until after five o'clock.

A: No problem, I'll be working at my desk.

B: I'll come and get you when I am _____ to go.

A: 집까지 좀 태워주실 수 있어?

B: 그럼, 하지만 5시 돼야 퇴근할 수 있어.

A: 괜찮아. 내 자리에서 일하고 있을게.

B: 준비가 되면 데리러 올게.

3
A: I got into the Police Academy!

B: Imagine that! A police officer in our family.

A: Yeah, isn't it cool?

B: It sure is…we're so _____ of you!

A: 경찰학교에 합격했어요!

B: 믿기지가 않는구나! 우리 집안에 경찰관이 나오다니!

A: 그래요, 멋지지 않아요?

B: 그렇고 말고… 네가 정말 자랑스럽구나!

4
A: _____ _____! The roof is caving in.

B: Holy cow! It looks like a hurricane.

A: I think it is. We'd better take cover.

B: Let's go down to the cellar.

A: 조심해! 지붕이 내려앉고 있어.

B: 어머나! 허리케인인가봐.

A: 그런 것 같아. 피해야겠어.

B: 지하실로 내려가자.

5
A: May I speak with the manager, please?

B: He is on another line right now.

A: Will he be in after lunch?

B: Yes, he is here until _____ _____ six o'clock.

A: 매니저 좀 바꿔주시겠어요?

B: 지금 통화 중이신데요.

A: 점심시간 후에 사무실에 계실까요?

B: 그럼요, 적어도 6시까진 계실 겁니다.

6
A: I'm sorry I didn't get back to you sooner.

B: That's all right, I have been pretty busy as well.

A: The software is ready.

B: I'll _____ it _____ this afternoon.

A: 더 빨리 연락 못 줘서 미안해.
B: 괜찮아. 나도 그동안 꽤나 바빴는 걸 뭐.
A: 그 소프트웨어 준비됐어.
B: 오늘 오후에 가지러 갈게.

7
A: I am so tired. Let's go home.

B: But we have a lot of _____ _____ _____.

A: Let's call it a day.

B: Okay then, and I'll see you first thing in the morning.

A: 나 지쳤어. 집에 가자.
B: 하지만 할 일이 많은데.
A: 이제 그만하자구.
B: 좋아. 그럼 내일 아침 일찍 봐.

8
A: How can I make it up to you?

B: Never mind… just _____ _____ the damages.

A: Of course I will.

B: And try not to break any more windows!

A: 어떻게 배상해드리면 될까요?
B: 걱정마시고… 손해배상금만 내세요.
A: 물론 그래야죠.
B: 그리고 이제 유리창은 더 이상 깨지 않도록 하세요!

말하고 싶었지만
쑥스러워 망설였던 표현들

I guess we'll have to star
over again.

Chapter

5

152-202

Would you like to
go out to lunch
with me?

I'm not sure
about the weather
tomorrow.

I don't know when he will come back.

get ~ back

돌려받다

써니샘의 핵심강의 _____

원래 자기가 갖고 있던 것을 다시 돌려받을 때 사용하는 것으로 이때는 돌려달라를 어렵게 영어로 창작하려지 말고 간단하기 get ~ back, have~back 등 동사+(목적어)+back을 쓰면 아주 편하면서도 미국적인 영어가 된다.

Point

get[have] ~ back 돌려받다
want ~ back 돌려받기를 바라다
need ~ back 돌려받아야 한다
take ~ back 돌려받다

SPEAK LIKE THIS

● 상대방에게 핸드폰 돌려받았냐고 물어볼 때
Do you have your cell phone back?

● 네가 운전면허증을 돌려받는 것을 도와주고 싶다(help sb V)고 말할 때
I want to help you get your driver's license back.

A: I left my book in the classroom.
B: You need to get it back.

A: 교실에 책을 두고 왔어.
B: 너 그거 가져와야겠다.

want ~ back …을 돌려받기를 원하다(need~back은 …을 돌려받아야 한다)

A: I want my money back. 내 돈 돌려줘.
B: I'll have to pay it to you later. 나중에 갚아야 될 것 같아.

take ~ back 되찾다

A: I am going to quit. It's time I took my life back!
나 때려칠거야. 내 인생을 되찾아야 할 때야!
B: Good for you Charles! 잘됐다. 찰식!

give back

돌려주다

써니쌤의 핵심강의

반대로 「돌려주다」라고 할 때는 give 동사를 써서 give (~) back이라고 하면 된다. 한단어로 하자면 return이 된다.

Point

give sth back to sb …에게 …을 돌려주다

SPEAK LIKE THIS

● 난 그 반지(the ring)을 절대로 돌려주지 않을거야라고 할 때
I'll never give back the ring.

● 내 돈 돌려달라고 외칠 때
Give my money back!

A: Why did you go to Martin's house?
B: I had to give his jacket back.

A: 왜 마틴의 집에 갔었어?
B: 걔 재킷을 돌려줘야했어.

hand back 돌려주다

A: Can you hand back that paper? 너 그 서류 돌려줄래?
B: Sure, here you go. 그래, 여기 있어.

turn in 반납하다, 돌려주다

A: I haven't finished my homework. 숙제를 끝내지 못했어.
B: You'll have to turn it in soon. 너 이제 곧 제출해야 될거야.

get some rest

조금 쉬다

써니샘의 핵심강의

피곤해 보이는 사람에게 잠시 하던 것을 멈추고 휴식을 취하라고 할 때 아주 많이 쓰이는 표현이다. 특히 명령문형태로 Go get some rest[sleep](가서 좀 자)라는 문장을 자주들 쓴다. 여기서 go get은 잘못된 것이 아니라 go and get~, go to get~을 줄인 형태로 회화에서 많이 쓰이는 형태이다.

Point

You should get some sleep 너 잠 좀 자라
I need to get some sleep 나 좀 자야겠어

SPEAK LIKE THIS

● 택시잡아타고(grab) 호텔가서 좀 쉬자고 할 때
We'll grab a taxi to the hotel and get some rest.

● 나 포기하고(give up) 좀 쉬어야 할 것 같는
I think I'm going to give up and get some sleep.

A: God, I've worked too much this week.

B: I know. You must get some rest.

A: 맙소사, 이번 주에 일을 너무 많이 했네.
B: 알아. 넌 좀 쉬어야 돼.

take a nap[naps] 낮잠자다(get any sleep는 눈 좀 붙이다, take a rest는 많이 쓰이지 않는 표현)

A: I didn't get any sleep last night. 어젯밤에 한숨도 못잤어.

B: Why? 왜?

take a break 쉬다

A: I can hardly stay awake. 깨어있기가 너무 힘들어.

B: Why don't you take a break? 좀 쉬지 그래.

make money

돈을 벌다

써니쌤의 핵심강의 _____

make money는 돈을 만드는게 아니라 일을 해서 돈을 버는(earn money) 것을 뜻한다. 돈을 버는 양에 따라 많이 벌면 make a lot of money, 적게 벌면 make a little money라 한다.

Point

make some money 돈을 좀 벌다
make a little money 돈을 조금 벌다

SPEAK LIKE THIS

● 우리는 모두(We all) 일을 덜하고 돈은 더 벌고 싶어한다고 할 때
We all want to work less and make more money.

● 우리가 미국에서 살 때 돈이 많이 있었다는 것을 너 모르는거야(Don't you know~)는
Don't you know we had a lot of money when we lived in the States?

A: Are you interested in making some money?
B: Of course I am. But what do I have to do?

A: 돈 버는 일에 관심있어?
B: 그야 물론이지. 근데 어떻게 해야 하는 건데?

lose one's money 돈을 잃다(run out of money는 돈이 떨어지다)

A: Do you think the job will be finished on time? 일이 제시간에 끝나리라고 생각해?
B: I hope so. If it isn't, we'll lose a lot of money. 그러길 바래. 아니면 거액을 잃을거야.

save money 절약하다(spend so much money는 돈을 많이 쓰다)

A: You shouldn't spend so much money. 그렇게 돈을 많이 쓰면 안돼.
B: I can't help it. I like shopping. 어쩔 수 없어. 쇼핑을 좋아한다고.

prefer A to B

B보다 A를 선호하다

써니쌤의 핵심강의

prefer는 like better라는 단순한 의미이지만 그 쓰임새가 다양하여 긴장을 하고 잘 머리속에 넣어두어야 한다. 먼저 prefer는 더 좋아하기 때문에 그 대상을 적는 전치사가 필요한데 이때는 to를 사용한다는 점을 기억한다. 물론 단순히 to 이하를 생략하고 자기가 더 좋아하는 것만 말해도 된다.

Point

prefer A A를 더 좋아하다
prefer A to B (A,B의 형태는 명사, to~, ~ing가 가능하다) B보다 A를 더 좋아하다
prefer A rather than B …하기 보다 …하는 것을 더 좋아하다
prefer to …하기를 더 좋아하다

SPEAK LIKE THIS

● 난 실외운동(outdoor sports)보다 실내운동(indoor sports)을 더 좋아한다고 할 때
I prefer indoor sports to outdoor sports.

● 난 외출(go out)하느니 차라리 공부하는게 더 좋다고 말할 때
I prefer studying rather than going out.

A: Would you like to go see a movie?
B: I prefer watching TV to going to a movie.
　　A: 가서 영화볼래?
　　B: 영화보러 가느니 TV를 볼래.

prefer V[~ing] rather than V[~ing] …하느니 차라리 …하겠다

A: Dan is the best athlete I have ever seen. 댄은 내가 본 최고의 선수야.
B: He prefers exercising rather than staying at home.
갠 집에 있기보다는 운동을 더 좋아해.

A: We have wine and beer to drink. 마실거로는 와인하고 맥주가 있어.
B: I prefer a glass of wine rather than beer. 맥주보다는 와인 한 잔이 좋겠어.

show up

나타나다, 도착하다

써니쌤의 핵심강의 ─────────────

회의라든가 약속 등 이미 예정된 자리에 나타나는 것을 말하는 필수핵심표현. 뭐 수퍼맨처럼 나타나는 것이 아니니 상황에 따라 「모임에 나오다」, 「도착하다」 정도로 생각하면 된다. 이렇게 약속 잡아놓고 안나오는 사람들이 꼭 있게 마련… 이런 사람들은 no show라 한다.

Point

show up for work 일하러 오다
show up at the open house 오픈하우스에 오다
show up at the seminar 세미나에 참석하다

SPEAK LIKE THIS
- 누구(anybody) 일요일에 오픈하우스에 온 사람 있어라고 물어볼 때
  Did anybody **show up** at the open house on Sunday?

- 어째서(How come~) 걔는 오늘 아침 회의에 나오지 않은거야는
  How come she didn't **show up** at the meeting this morning?

A: What time is the driver supposed to **show up**?

B: He should be here any minute now.

  A: 기사가 언제 오기로 되어 있어?
  B: 올 때가 다 됐어.

get more

turn up 나타나다, 오다(show up과 동일한 의미이다)

A: Your brother never called me. 네 형은 내게 절대로 전화하지 않았어.
B: Don't worry, he'll **turn up**. 걱정마, 곧 올거야.

A: I haven't seen Bob in a while. 한동안 밥이 안보이네.
B: He'll **turn up** soon. 곧 올거야.

hand in

건네주다, 제출하다

써니쌤의 핵심강의 —————————————

학교에서 학생이 선생님에게, 직장에서 직원이 상사에게, 호텔에서 열쇠를 프론트에 주는 것처럼 개인이 전체를 관리하고 책임지는 사람에게「제출하는」것을 뜻한다. 한 단어로 하면 submit.

Point

hand in one's homework 숙제를 제출하다
hand in one's keys 열쇠를 맡기다

SPEAK LIKE THIS

● 네 연필(pencils) 좀 건네달라고 할 때
Please hand in your pencils.

● 시험지(exams) 제출해야 된다고 말할 때
It's time to hand in your exams.

A: Where are you going right now?
B: I've got to hand in some library books.

A: 너 이제 어디가는거야?
B: 도서관 책 반납해야 돼.

---

hand over 건네주다, 양도하다

A: You can take my car to work. 내차 갖고 출근해.
B: Great. Hand over your keys. 좋아. 키 좀 줘.

give in 제출하다, 포기하다

A: Frank thinks he can win this card game. 프랭크는 이 카드게임에서 이길 수 있다고 생각해.
B: I know, but don't give in. 알아. 그렇다고 포기하지마.

leave (A) alone

가만히 놔두다

써니샘의 핵심강의

꼬치꼬치 묻고, 눈치없이 엉뚱한 이야기를 하거나 혹은 불평, 비난을 하는 바람에 듣는 사람 화나고
짜증나는 모습을 연상하면 된다. 명령형 형태인 Leave me alone!이 많이 사용된다.

Point

Leave me alone for a while 잠시 나 좀 내버려 둬
I told you to leave me alone 나 가만히 두라고 말했잖아

SPEAK LIKE THIS

- 걔가 날 놔두고 갈거라는 게 믿어지지가 않을(find it hard to believe) 때
  I find it hard to believe that he's going to leave me alone.

- 제이슨은 옛 여친(ex-girlfriend)을 가만히 두지 않을거야는
  Jason won't leave his ex-girlfriend alone.

A: Why do you always go out for lunch?

B: For Pete's sake! Leave me alone!

　　A: 넌 어째서 맨날 점심먹으러 밖에 나가니?
　　B: 제발! 날 좀 내버려둬!

stay away from ···가까이 하지 않다, 멀리하다

A: Mindy is really angry at you. 민디는 정말 너한테 화났어.
B: I'll stay away from her for a while. 잠시 걔근처에 얼씬하지 않을게.

A: Maybe I should try smoking. 나 담배를 펴볼까봐.
B: No, stay away from cigarettes. 안돼, 담배는 멀리하라고.

can't help ~ing

…하지 않을 수 없다

써니쌤의 핵심강의

나도 어찌할 수 없는 상황임을 말할 때 사용하는 표현. 어쩔 수 없이 하게 되는 일을 구체적으로 말하려면 I can' help~ 다음에 ~ing를. I can't help but~ 다음에는 동사를 이어주면서 구체적으로 말하면 된다.

Point

I can't help it 어쩔 수가 없어

SPEAK LIKE THIS

● 난 저 소녀를(that girl) 사랑하지 않을 수가 없어라고 할 때
I can't help loving that girl.

● 내 친구들을 보고싶어 하지 않을 수가 없다고 할 때
I can't help but miss my friends.

A: Your sister has gotten fat.
B: She can't help eating so much.

　A: 네 누나 살쪘어.
　B: 어쩔 수 없이 많이 먹게 되나봐.

---

have no choice but to + V …할 수 밖에 없다

A: I heard you owe a lot of money. 너 빚이 많다며.
B: Yes, I have no choice but to borrow it from my dad.
　어, 아버지한테 빌리는 수밖에 없어.

A: I heard Ted was acting like a jerk. 테드가 또라이처럼 굴었다며.
B: I had no choice but to tell him to leave. 걔한테 꺼지라고 말할 수 밖에 없었어.

should have + p.p.
…했어야 했는데

써니쌤의 핵심강의

조동사+have+pp의 형태 중 가장 많이 쓰이는 경우. 지나간 과거에 그렇게 했어야 했는데 그렇지 못했을 때 후회와 회한을 가슴에 담고 사용하는 표현이다. 반대로 shouldn't have+pp는 과거에 그렇게 하면 안되는 것을 했을 때 「…하지 말았어야 했는데」하고 뒤늦게 후회하는 경우를 말한다.

Point

You shouldn't have done this 이러지 않으셔도 되는데
I should have told you about~ 네가 그거에 관해 얘기했어야 했는데…

SPEAK LIKE THIS
- 네가 좋은 점수(good marks)를 받고 싶다면 너는 더 열심히 공부했어야 했다고 말할 때
  You should have studied harder for the test if you wanted good marks.

- 내 열쇠(keys)를 더 오래 찾았어야 했는데는
  I should have looked longer for my keys.

A: You should have been here hours ago.

B: Sorry. I got stuck in traffic.

A: 너 몇시간 전에 왔어야 되잖아.
B: 미안해. 차가 막혔어.

regret N[~ing] …을 후회하다

A: Don't make me do anything that I'll regret. 내가 후회할 일은 하게 하지 말아줘.
B: It's up to you. 너하기 나름이지.

regret it later 나중에 후회하다

A: Should I take this job? 내가 이 일을 해야 될까?
B: If you don't, you'll regret it later. 하지 않으면 나중에 후회할거야.

occur to

생각이 갑자기 떠오르다

써니샘의 핵심강의 _____

occur to sb는 어떤 생각이나 아이디어가 순간적으로 갑자기 떠오르는 것을 뜻하는 표현이다. 이 표현은 It occurred to me that~ 의 형태로 쓰인다.

Point

It occurred to me that S+V …라는 생각이 갑자기 떠올랐어
It occurred to me 갑자기 이런 생각이 들었어

SPEAK LIKE THIS
- 샐리는 휴대폰을 갖고 있지 않다(not have her cell phone)는 생각이 들었어라고 할 때
  It occurred to me that Sally doesn't have her cell phone.

- 네가 집에 오지 않을거(not be home)라는 생각은 들지 않았다고 할 때
  It didn't occur to me you would not be home.

A: Why did John run away?
B: **It occurred to him** the police would arrest him.

  A: 왜 존이 도망친거야?
  B: 경찰이 자기를 체포할거라는 생각이 떠올랐대.

hit on sth 생각해내다, …한 생각이 떠오르다(Sth hit sb 혹은 Sb hit on sth의 형태로 쓰인다)

  A: How was the discovery made? 그 발견은 어떻게 된거야?
  B: Scientists **hit on** it in their lab. 과학자들이 실험실에 생각해낸거래.

come to one's mind 생각이 나다, 생각이 떠오르다

  A: That was a beautiful poem. 그건 아름다운 시였어.
  B: It **came to my mind** after meeting you. 너 만난 후에 그 생각이 떠올랐어.

feel free to

맘대로 …해

써니쌤의 핵심강의

상대방에게 어려워 말고, 부담없이 「맘대로 …하라」고 친절하게 말할 때 사용하는 표현. 「주저하지 말고 …해라」는 의미의 Don't hesitate to do 같은 맥락의 표현이다.

Point

> **I want you to feel free to~** 네가 맘편히 …하도록 해
> **You can feel free to~** 마음편히 …해

SPEAK LIKE THIS

- 무슨 궁금한 게 있으면(have any questions) 언제든 물어봐라고 하면
  Feel free to ask if you have any questions.

- 네가 원하는 만큼(as long as~) 부담없이 여기에 머무르라고 할 때
  Feel free to stay here as long as you like.

A: **Feel free to** give me a call if you have any questions.

B: Thanks, I probably will.

> A: 궁금한거 있으면 언제든지 전화해.
> B: 고마워. 아마도 그렇게 될거야.

don't hesitate to do 주저하지 말고 …하다

A: Thank you for your help with my homework. 내 숙제 도와줘서 고마워.

B: If there's anything you need, **don't hesitate to** ask. 필요한 거 있으면 바로 말해.

help oneself to do 어서 …하다(음식 등을 상대방이 부담없이 사용하도록 할 때 하는 말)

A: **Help yourself to** the dessert tray! 디저트 좀 드세요!

B: Thank you, I will. They look delicious! 고마워요. 그러죠. 맛있어 보이는군요!

turn down

거절하다, (소리 등) 줄이다

써니쌤의 핵심강의

turn down=reject로 알려진 유명한 표현. 상대방의 제의나 제안을 일언지하에 거절하는 것을 뜻한다. 또한 아날로그 시대의 라디오나 TV의 스위치를 돌려서 소리를 조절했을 때를 생각나게 하는 것으로 음악 등의 소리나 온도, 빛의 강도를 줄이다라는 의미로 쓰이기도 한다.

Point

turn down the TV 텔레비전 소리를 줄이다
turn down the heater 히터를 약하게 하다
turn down the job offer 직장제의를 거절하다

SPEAK LIKE THIS

● 질은 직장 동료(co-worker)와 데이트를 원치 않아서 그 초대를 거절했어는
Jill did not want to go out with her co-worker so she turned down the invitation.

● 네가 가기 전에 히터기를 약하게 하는 법을 알려줄래(let me know how to~)는
Could you let me know how to turn down the heater before you go?

A: Have you thought of taking out a loan?
B: I looked into it but was turned down by the bank.
A: 대출 받아볼 생각을 해본 거야?
B: 알아봤는데 은행에서 거절당했어.

turn out …로 판명나다, 전열기구를 끄다
A: Why did you break up with John? 너 왜 존하고 헤어졌어?
B: He turned out to be just another two-timer. 걘 알고보니 바람둥이에 지나지 않았어.

turn over 뒤집다, 제출하다
A: Where are you headed? 어디 가?
B: I've got to turn over my keys. 내 열쇠 맡겨야 돼.

run short of

부족하다, 모자르다

써니쌤의 핵심강의

run short는 「…을 다 써버리다」(to use up almost all of something), 즉 「부족하다」「모자르다」라는 표현이고 무엇이 모자르는지 언급하려면 run short of~라 써주면 된다. short 대신 low를 써서 run low of라고 해도 된다.

Point

We're running short of~ 우리는 …가 부족해
run low on …가 부족하다

SPEAK LIKE THIS
- 미안하지만, 맥주가 부족하다고 말할 때
  Sorry, we're running short of beer.

- 우리가 피크닉 가서(during the picnic) 음식이 모자르지 않기를 바란다고 할 때
  I hope we don't run short of food during the picnic.

A: I'm afraid of running out of money.
B: So get a better job.

  A: 돈이 바닥날까봐 걱정돼.
  B: 그럼 더 나은 직장을 가져.

fall short of 기대치에 이르지 못하다

A: Did Jerry get into Princeton University? 제리가 프린스턴대학에 들어갔어?
B: No, he fell short of getting in. 아니, 들어갈 자격이 안됐어.

be out of …이 부족하다, …에 미치지 못하다

A: Could I have a cup of coffee? 커피 한 잔 줄래?
B: Sorry, we are out of coffee. 미안, 커피가 떨어졌어.

do sb a favor

호의를 베풀다

써니쌤의 핵심강의

"Could you do me a favor?"(좀 도와주시겠어요?)라는 유명한 부탁 표현으로 잘 알려진 do sb a favor는 「…에게 호의나 친절을 베풀다」라는 의미가 된다. do 대신에 ask를 써서 ask sb a favor, 혹은 익숙한 help를 써서 ask sb for help하면 「도움을 청하다」라는 뜻이 된다.

Point

Could you do me a favor? 부탁 좀 할게
I need to ask you for a favor 부탁하나 해야 되겠는데
do sb a favor and do~ …에게 …하는 친절을 베풀다

SPEAK LIKE THIS

● 부탁하나 할게, 퇴근 후에(after work) 차 좀 태워줄래(drop sb off)라고 말할 때
Could you do me a favor and drop me off after work?

● 십년간 말해 본 적도 없는데(haven't spoken to) 걔가 도움을 청하네라고 할 때
I haven't spoken to her in ten years and she asks me for a favor!

A: Chris, I'm calling to ask you for a favor.
B: I'll do my best, what would you like?

A: 크리스, 너한테 부탁할 게 있어서 전화했어.
B: 힘 닿는대로 해볼게. 부탁이 뭔데?

get help 도움을 받다

A: This box is too heavy to lift. 이 상자는 너무 무거워서 못들겠어.
B: Let's get help from those guys. 저 친구들 도움을 받자.

give a hand 도움을 주다(give sb a hand는 …을 도와주다)

A: Could you give me a hand? 좀 도와줄래?
B: What do you need? 뭐가 필요한데?

be supposed to

…하기로 되어 있다

써니쌤의 핵심강의 _____

실제 생활영어에서 무척 많이 쓰이는 표현 중 하나로 뭔가 「…하기로 예정되어 있다」라는 의미이다.
문맥에 따라 …하기로 되어 있으니 have to처럼 「…을 해야 된다」 부정으로 쓰면 「…하면 안된다」
라는 금지의 표현으로도 쓰인다. 꼭 의미를 이해하고 암기해두어야 하는 문구이다.

Point

You're not supposed to do~ …하면 안되지
I'm supposed to do~ 난 …해야 돼
What am I supposed to do? 내가 어떻게 해야 되지?

SPEAK LIKE THIS

● 걔는 내일 점심 후에(after lunch) 도착하기로 되어 있다고 말할 때
She's supposed to arrive tomorrow after lunch.

● 선생님을 유혹하면(hit on) 안되지라고 충고할 때
You're not supposed to hit on your teacher.

A: Do you know what time we're supposed to leave?
B: Come to think of it I don't.

A: 우리가 몇 시에 떠나기로 되어있는지 아니?
B: 생각해 보니 모르겠는데.

be expected to …하기로 예상[기대]하다, …하기로 되어 있다

A: What are the rules for staying here? 여기 있는데 규칙이 뭐가 있어?
B: You'll be expected to keep your room clean. 네 방을 깨끗하게 유지해야 돼.

A: How much was your new dress? 새로 산 옷은 얼마줬어?
B: It was three times what I had expected to pay. 예상보다 3배나 더 나갔어.

end up

결국 …하게 되다

써니쌤의 핵심강의

결국 「…로 끝나다」, 결국에는 「…하게 되다」라는 의미. 어떠한 상황이나 행동에 의해 「결말지어진 것」을 의미한다. end up 다음에 명사나 ~ing을 붙여 쓰면 된다. 동의어로는 wind up이 있다.

Point

I ended up ~ing 난 결국 …하게 되었어

SPEAK LIKE THIS
- 지난 밤(last night)에 네 여자 친구랑 결국 집까지 갔었니라고 물을 때
  Did you **end up** going home with your girlfriend last night?

- 여행은 결국 계획했던 것보다 비용이 두 배나 더 들었다(cost us~)고 할 때
  The trip **ended up** costing us twice as much as we had planned.

A: What kind of phone did you **end up** getting?

B: I got the best of the best.

A: 결국은 어떤 전화기를 산거니?
B: 최고 중에서 최고의 것을 샀지.

end up with 결국 …하게 되다

A: I'll wait before I choose my meal. 좀 기다렸다가 식사를 고르려고.
B: You'll **end up with** a meal no one else wants. 누구도 원치않는 식사를 하게 될거야.

end in …으로 끝나다

A: Those two are always fighting. 저 두 사람은 항상 싸워.
B: Their relationship will **end in** sadness. 걔네들 관계는 슬프게 끝날거야.

be related to

…와 관련이 있다

써니쌤의 핵심강의

relate to는 「…와 어떤 연관이나 관련이 있다」는 말로 문맥에 따라서는 …와 친척관계인지를 말할 때도 있다. to 다음에는 당연히 사람이나 사물이 온다.

Point

be unrelated to sb[sth] …와 전혀 상관이 없다

SPEAK LIKE THIS
- 이 영화는 실제 사건(real event)과 관련이 있다고 할 때
  This movie is related to a real event.

- 네 건강문제는 흡연(smoking)과 연관되어 있다고 충고할 때
  Your health problems are related to smoking.

A: I heard you injured yourself.

B: Yeah, my injury is related to exercising.

　　A: 너 부상당했다며.
　　B: 어, 운동하다 다쳤어.

---

be connected 연관되어 있다, 연줄이 많다

A: A lot of people are angry. 많은 사람들이 화가 나있어.

B: Their anger is connected to the bad economy.
그 사람들의 분노는 경기불황과 연관되어 있어.

be[get] involved in[with] …에 연루되다, 연관이 있다

A: My neighbor has a lot of money. 내 이웃은 돈이 엄청 많아.

B: I think he's involved in banking. 은행업 종사자인 것 같아.

there's a possibility
…가능성이 있다, …할 수도 있다

써니샘의 핵심강의 ────────────

100% 확실하지는 않지만 앞으로 있을 수도 있는 일을 말할 때 사용하는 것으로 가능성이 있는 내용은 possibility 다음에 주어+동사의 절로 이어주면 된다.

Point

It's a possibility 그럴 수도 있어
There is a chance~ …할 가능성이 있다
There is a chance 가능성이 있다
stand a chance 기회가 있다

SPEAK LIKE THIS

● 난 이번 겨울에 여기 안 있을 수도(not to be here) 있다고 말하려면
There's a possibility I'm not going to be here this winter.

● 내가 사장이 될 수(become president)도 있다고 말할 때
There's a possibility I will become president.

A: Some famous actors are coming here.
B: There's a possibility we'll meet them.

A: 일부 유명배우들이 여기에 온대.
B: 우리가 만날 수도 있겠네.

have a chance to do …할 가능성이 있다(give sb a chance는 …에게 기회를 주다)

A: We're travelling to London next week. 우리는 다음 주에 런던으로 여행갈거야.
B: Make sure you get a chance to see Big Ben. 빅벤을 반드시 보도록 해.

have the opportunity to+V …할 기회가 있다

A: I have the opportunity to go to Tokyo. 나 도쿄에 갈 기회가 생겼어.
B: You should definitely do it. 꼭 그렇게 해라.

run into

…와 우연히 마주치다

써니쌤의 핵심강의 ─────────────

전혀 예상하지 못한 사람과 우연히(by chance) 마주쳤을 때 쓰는 전형적인 표현. 문맥에 따라 글자 그대로 「…의 안으로 뛰어 들어가다」라는 의미로 쓰이기도 한다. 또한 「들이박다」, 「치다」라는 뜻으로도 사용된다.

Point

- ▼ **run into a little trouble** 작은 곤경에 처하다
  run into each other 서로 우연히 만나다
  I ran into sb this morning 오늘 아침 …를 우연히 만났어

SPEAK LIKE THIS
- 걔가 나이든 주인아주머니(landlady)와 우연히 만났다라고 할 때
  He ran into his old landlady.

- 난 제니퍼와 마주치지 않기를 바란다고 할 때
  I hope I don't run into Jennifer.

A: Did you see Derek today?
B: Yes, I ran into him outside.

A: 오늘 데렉봤어?
B: 어, 밖에서 우연히 마주쳤는데.

---

come across 우연히 만나다

A: Why do you visit antique stores? 왜 골동품점을 가는거야?
B: I hope to come across something nice. 뭐 멋진 것을 찾기바라는 맘에서.

bump into 우연히 만나다

A: I love coming to this coffee shop. 이 커피샵에 오는게 좋아.
B: Yeah, I bump into my friends here. 그래, 여기서 친구들과 마주쳐.

work for

···에서 일하다

써니샘의 핵심강의

우리식으로는 「···에서 일한다」고 할 때 work at[in]이 더 적절할거라 생각되지만 영어에서는 work for+사람[회사]의 형태를 즐겨 쓴다. work at[in]도 쓰이는 것은 물론이다.

Point

Who do you work for? 어디서 일해?
work for the government 공무원이 되다

SPEAK LIKE THIS

● 나는 조그만 회사(small company)에 다닌다고 할 때
I **work for** a small company.

● 어떤 부장(manager) 밑에서 일하는 거야라고 물을 때
Which manager do you **work for**?

A: I wish I could **work for** the government.

B: It's a stable job but not very exciting.

A: 공무원이면 좋겠어.
B: 안정적이기는 하지만 신나지는 않잖아.

work at ···에서 일하다(work at home은 집에서 일하다)

A: Do you go to work in the morning? 너 아침에 출근하니?
B: No, I **work at** home. 아니, 재택근무해.

work in ···에서 일하다

A: That guy is a real slave driver. 저 사람은 정말 직원들을 혹사시키는 악덕 기업주야.
B: What do you expect when you **work in** a sweatshop?
이런 형편없는 공장에서 일하면서 뭘 바라니?

be hard on

…을 모질게 대하다, 못되게 굴다

써니샘의 핵심강의

on 다음에는 sb가 오며, 주어가 sb를 모질게, 험하게 혹은 「못살게 굴다」라는 표현이다. 그래서 be hard on oneself하면 스스로를 힘들게 하다, 즉 「자책하다」라는 표현이 된다.

Point

be hard on oneself 자책하다(blame oneself)

SPEAK LIKE THIS

● 아빠는 항상 나한테 힘들게 대하셨다고 할 때
  My dad **was always hard on** me.

● 너무 자책하지마. 집이 불타버린(burn down) 것은 네 잘못이 아냐라고 할 때
  Don't **be so hard on** yourself. It's not your fault the house burned down.

A: Please try not to **be hard on** him, it's his first real job.
B: I understand that, but he's got to learn to take it seriously!

A: 걔 너무 힘들게 하지마. 실제 직장일은 처음이야.
B: 이해해, 하지만 진지하게 일하는 법을 배워야 돼!

---

give (sb) a hard time …을 힘들게 하다

A: This is Kelly's first day at work. 오늘이 켈리의 첫출근날이야.
B: I won't **give her a hard time**. 힘들게 하지 않을게.

be mean to sb …에게 못되게 굴다

A: Jack keeps hitting his sister. 잭은 자기 누나를 계속 때려.
B: He **is really mean to** her. 걔 정말 누나한테 못되게 군다.

get back to

나중에 얘기를 다시 하다

써니샘의 핵심강의

get back to는 기본적으로 「…으로 되돌아가다」라는 의미. 먼저 get back to sb가 되면 지금 바쁘거나 기타의 이유로 상대방과 얘기를 할 수 없으니 「나중에 얘기를 다시 하자」는 의미. 특히 전화에서 많이 쓰인다. 반면 get back to sth하면 「잠시 처음의 화제로 다시 되돌아가서 토의하자」는 의미.

Point

get back to sb on sth 나중에 …에게 …에 대해 얘기를 하다
get back to basics 중요한 문제로 돌아가 다루다

SPEAK LIKE THIS

● 내가 스케줄 확인하고(check the schedule) 연락줄게라고 하려면
Just let me check the schedule and I'll get back to you.

● 언제 우리가 얘기하고 있던(talk about) 것을 다시 할 수 있을까요는
When are we going to get back to what we were talking about?

A: I'll get back to you when you're not so busy.
B: If you catch me at the end of the day, I'll have more time to talk.

A: 바쁘시지 않을 때 다시 연락할게요.
B: 퇴근무렵에 전화하면 더 얘기할 수 있을 거예요.

get back to sb as soon as possible 가능한 한 빨리 …에게 연락하다

A: Can you take a phone call? 너 전화받을 수 있어?
B: No, tell them I'll get back to them as soon as possible.
아니. 가능한 빨리 연락하겠다고 말해줘.

A: I need to know if you can give me some money. 너 나한테 돈 좀 빌려줄 수 있어?
B: I'll check my bank account and get back to you ASAP.
은행계좌 좀 확인해보고 가능한 한 빨리 연락할게.

go on

일어나다, 발생하다

써니쌤의 핵심강의

앞서 나온 계속하다의 go on도 아니고, go on a vacation의 go on도 아니다. What's going on?(무슨 일이야?)처럼 be going on의 형태로 지금 무슨 일이 일어나는지 물어볼 때 단골로 쓰이는 표현이다.

Point

What's going on? 무슨 일이야?

not know what's going on 무슨 일이 벌어지는지 모르다

SPEAK LIKE THIS

● 여기 무슨 일이야? 가게가 왜 이렇게 붐비는(be so crowded) 거야라고 할 때

What's going on here? Why is the store so crowded?

● 크리스와 캐리 사이가 어떻게 되어가는지 얘기 들었냐(Have you heard~?) 물어볼 때

Have you heard what's going on with Chris and Carrie?

A: I'll call you tomorrow to see what's going on.

B: That's a good idea.

　A: 어떻게 돼가는지 내일 전화할게.

　B: 그게 좋겠다.

have sth going on~ …하는게 있다

A: Why haven't we gotten together? 왜 우리는 만나지 않는거야?

B: Sorry, I've had a lot of work going on. 미안. 일하는게 너무 많아서.

take place 일어나다, 발생하다(happen)

A: Are you sure there is a meeting scheduled for tomorrow?

　내일 회의있는게 확실해?

B: Yeah. It will take place at 2 p.m. 정말이야. 오후 2시에 있어.

argue with

언쟁하다

써니샘의 핵심강의

argue는 「말다툼하다」 「언쟁하다」라는 의미로 누구와 언쟁을 했는지 말하려면 argue with sb를, 무슨 문제로 언쟁했는지는 argue about이라 하면 된다.

Point

argue with sb about sth …에 대해 …와 말다툼하다

SPEAK LIKE THIS

● 우리 그걸로 다투지 말자(Let's~)는
  Let's not argue about it.

● 상대방보고 정말 이걸로 나와 다투고 싶냬(Do you want~)고 물어볼 때
  Do you really want to argue with me about this?

A: Don't argue with me.

B: Why not? You're wrong.

  A: 나한테 따지지마.
  B: 왜 안돼? 네가 틀렸어.

argue over 다투다

A: Billy and Theo are fighting again. 빌리와 테오가 또 싸워.

B: They argue over stupid things. 걔네들 한심한 일들로 다퉈.

argue sth 주장하다

A: I want to go to a different restaurant. 난 다른 식당에 가고 싶어.

B: Okay, let's not argue the details. 좋아, 사소한 문제로 이러쿵저러쿵하지 말자.

complain about

불평하다, 항의하다

써니샘의 핵심강의

「불평하다」, 「항의하다」, 「투덜거리다」하면 바로 complain이 튀어나와야 한다. 문제는 그 다음이다. 불평하는 내용을 이어 쓰려면 전치사 of나 about을 쓴 다음에 불평해야 한다.

Point

complain to sb …에게 항의하다
You're always complaining 넌 항상 불평야
I'm here to complain about~ …에 대해 불평하러 왔는데요
I can't complain 잘 지내

SPEAK LIKE THIS

● 일부 이웃들이(some of~) 소음(loud noise)에 대해 항의했다고 할 때
Some of the neighbors complained about the loud noise.

● 너 뭐가 문제야(be wrong with)? 항상 투덜대니 말아라고 할 때
What's wrong with you? You're always complaining.

A: May I help you?

B: Yes, I'd like to complain about the parking attendant.

A: 무슨 일이세요?
B: 예, 주차요원에 대해 항의하려구요.

file a complaint 고소장을 제출하다

A: Why did you go to the police station? 왜 경찰서에 간거야?

B: I filed a complaint against a thief. 도둑놈에게 고소장을 제출했거든.

What's your complaint? 어디가 아프세요?

A: What's your complaint? 어디가 아프세요?

B: I've got a splitting headache. 머리가 빠개질 것 같아요.

get used to

익숙하다, 적응하다

써니쌤의 핵심강의 _____

어느 일정기간에 걸쳐 경험을 통해 익숙해지는(to gradually become used to something over a period of time) 것을 말한다. get used to + sth[~ing]의 형태로 사용되며 주로 새로운 장소나 직업 혹은 생활방식(way of life)에 적응한다고 할 때 많이 애용된다. 과거의 습관을 말하는 used to와 헷갈리면 안된다.

Point

I'm getting used it 나 점점 적응하고 있어
You have to get used to it 너 그거에 적응해야 돼

SPEAK LIKE THIS

● 나 이 일정(schedule)에 적응할 수가 없다고 할 때
I can't get used to this schedule.

● 상대방보고 넌 이 곳(this place)에 익숙해질거야라고 할 때
You'll get used to this place.

A: How do you like your new apartment?
B: It took a while to get used to it.

A: 새 아파트 어때?
B: 익숙해지는데 좀 시간이 필요했어.

get[be] accustomed to …에 익숙하다

A: What a large apartment. 아파트 참 넓다.
B: I've gotten accustomed to living in a big place. 큰 집에서 사는데 익숙해져있어.

A: It is really hot here in Miami. 여기 마이애미 정말 덥네.
B: You'll get accustomed to the temperature. 더위에 익숙해질거야.

make a difference
차이가 나다, 중요하다

써니쌤의 핵심강의

직역하면 차이가 나다라는 의미로 비유적으로 차이가 날 정도로 많은 유익한 영향이나 결과를 가져온다고 할 때 이 표현을 쓴다. 「영향을 미치다」, 「중요하다」라는 개념을 알아두고 그때그때 문맥에 맞게 이해하면 된다.

Point

> **make a difference to~** …에 큰 영향을 주다
> **make a big difference** 큰 차이를 낳다, 큰 효과를 가져오다

SPEAK LIKE THIS

● 네가 하는 일(your work)은 중요한 결과를 가져올거야라고 할 때
Your work will make a difference.

● 내가 떠난다고(if I leave) 뭐가 달라지나요라고 물을 때
Does it make a difference if I leave?

A: Why did you volunteer?
B: I want to make a difference with poor people.

A: 왜 자원했어?
B: 가난한 사람들에게 도움이 되고 싶어서.

make no difference to …에게 상관없다

A: Would you like to see a movie or a play? 영화를 볼까? 연극을 볼까?
B: It makes no difference to me. 아무거나 상관없어.

What's the difference? 무슨 차이야?, 무슨 상관이야?(What's the difference between~은 …사이의 차이점이 뭐냐고 물어보는 문장)

A: What's the difference between sex and love? 섹스와 사랑 사이의 차이는 뭐야?
B: I have no idea. 모르겠어.

take+시간+to~

…하는데 시간이 …걸리다

써니샘의 핵심강의

It takes+시간+ to~는 뭔가 하는데 걸리는 시간을 말하는데 꼭 필요한 표현. 시간이 정확하지 않을 때는 시간명사 앞에 about[around]을 붙여 about+시간으로 쓰면 된다. 물론 take 다음에는 시간명사 뿐만 아니라 일반명사도 와 「…하는데 …가 필요하다」라는 뜻으로 쓰이기도 한다. 과거로 말할 때는 It took~이라고 하면 된다.

Point

It takes+시간+to do …하는데 시간이 …걸리다
It take+시간+for sb to do …가 …하는데 시간이 …걸리다
It takes sb+시간+to do …가 …하는데 시간이 …걸리다
It will take time~ …하는데 시간이 좀 걸리다

SPEAK LIKE THIS
● 내가 집에 가는데(get home) 대략 두시간 걸린다고 할 때
   It takes around 2 hours for me to get home.

● 우리가 그 프로젝트를 끝내는데(finish) 5시간이 걸렸어는
   It took us five hours to finish the project.

A: I haven't found a nice girlfriend.
B: It takes time to find someone to love.

   A: 착한 여자를 찾을 수가 없어.
   B: 사랑하는 사람을 만나려면 시간이 걸리지.

How long does it take to do~? …하는데 시간이 얼마나 걸려?

A: How long does it take to finish it? 그거 끝내는 데 시간이 얼마나 걸리니?
B: I think that it's going to be another ten minutes or so. 10분쯤 더 걸릴 것 같은데.

spend+시간+~ing ~하느라 …의 시간을 보내다

A: What did you do on vacation? 휴가 때 뭐했어?
B: We spent a few days camping at the beach. 해변에서 캠핑하면서 몇일을 보냈어.

get by

그럭저럭 해나가다

써니샘의 핵심강의

get by는 뭔가 충분하지는 않고 겨우 버티고 살아가다라는 의미. 돈이나 물품, 혹은 지식 등 자신이 원하는 것을 할 수 있는 「최소한으로 지내다」라는 의미이다. 뒤에 전치사는 on이나 with 등이 온다.

Point

get by on+돈 ···로 그럭저럭 살아가다
get by with sth ···으로 간신히 지내대[버티다]

SPEAK LIKE THIS

● 너는 적은 돈으로(on little money) 헤쳐나가야 될거야라고 할 때
You'll have to **get by** on little money.

● 넌 직업도 없이(without a job) 어떻게 버티고 살아간거야라고 물을 때
How did you **get by** without a job?

A: It was difficult for people long ago.
B: They **got by** growing their own food.

A: 예전 사람들은 힘들었을거야.
B: 곡식을 재배하며 간신히 지냈어.

come by 얻기 어려운 것을 얻다

A: I **came by** some new clothes. 난 새옷을 좀 샀어.
B: They look great on you. 너한테 잘 어울린다.

A: How did you **come by** that necklace? 저 목걸이는 어떻게 생긴거야?
B: I bought it at a jewelry store. 보석점에서 산거야.

turn on

켜다, 흥분시키다

써니쌤의 핵심강의

스위치를 돌려서 켜다라는 의미. TV 등의 전기를 켠다고 할 때 사용된다. 또한 이렇게 뭔가 작동을 시킨다는 의미가 발전되어 흥미를 갖게 하다. 흥분시키다라는 뜻으로 사용된다. 반대는 turn off.

Point

She turns me on~ 걔를 보면 흥분이 돼~

SPEAK LIKE THIS

● 컴퓨터를 켤 때마다, 고장이 나(crash)는
Every time I turn on the computer, it crashes.

● 이 핸드폰을 어떻게 켜야 하는지 모르겠어(I'm not sure how to~)는
I'm not sure how to turn on this cell phone.

A: Who forgot to turn on the alarm?
B: It's my fault.
　　A: 누가 자명종 켜놓는 걸 잊어버린 거야?
　　B: 내 잘못이야.

turn off 끄다

A: Turn off the TV, would you? TV 좀 꺼라. 제발?
B: Sure. Where is the remote control? 그래. 리모콘 어디있어?

A: It's time to get going. 이제 가야겠다.
B: Okay, let me turn off the lights. 그래. 불 좀 끄고.

see if

...인지 알아보다

써니쌤의 핵심강의

여기서 see는 「확인해보다」 「알아보다」라는 뜻으로 check의 의미로 쓰였다. 그래서 뭔가 확인해 본다고 할 때는 Let me see if~ 혹은 I'll see if~의 형태로 쓰면 된다.

Point

I'm here[I came by] to see if ~ ...인지 알아보려고 들렸어
Let me see if~ ...인지 확인해보다
I'll see if~ ...인지 확인해보다

SPEAK LIKE THIS

● 내 남편을 찾을 수 있는지 해서 여기 왔다(come here to~)고 할 때
I came here to see if I could find my husband.

● 비행기가 정시에(on time) 도착하는지 확인해봤냐고 물어볼 때
Did you check to see if the flight is arriving on time?

A: I'm here to see Mr. Suh.
B: I'll see if he's in.

　　A: 서 선생님을 만나러 왔어요.
　　B: 계신지 알아볼게요.

Let me check~ ...을 확인해볼게

A: Do you know when the next train leaves? 다음 열차는 언제죠?
B: Just a moment. Let me check. 잠깐만요, 확인해볼게요.

check if~ ...인지 확인해보다(I'll check to see if~ ...인지 확인해보다)

A: Is Jessica ready to leave? 제시카는 떠날 준비가 다 됐나요?
B: I'll check if she's finished working. 일을 끝냈는지 알아볼게요.

hand out

나눠주다

써니쌤의 핵심강의 _____

시험시간에 수험생 개개인에게 시험지를 나누어지듯이 모여있는 사람들 한명한명에게 뭔가 나누어 준다고 할 때 hand out를 쓰면 된다. 형태는 hand out sth to sb라 하면 된다.

Point

hand out flyers 전단지를 나눠주다
hand out drinks 음료수를 나눠주다

SPEAK LIKE THIS

● 난 그 선생님에게 시험지들(the tests)을 나눠주도록(get sb to~) 해야 된다고 할 때
I have to get the teacher to hand out the tests.

● 과자 좀(some snacks) 나눠주는 걸 도와주겠다고 할 때
I'll help hand out some snacks.

A: The athletes have almost finished the race.
B: You'd better hand out some water bottles.

A: 선수들은 경주를 거의 끝냈어.
B: 물병들 좀 나눠줘라.

give out 나눠주다

A: Did anyone give out the schedule? 누가 일정표를 나눠줬어?
B: No, I don't think so. 아니, 아닐거야.

handout 유인물

A: This handout is for the students. 이 유인물은 학생들을 위한거야.
B: I'll give it to them. 걔네들에게 나눠줄게.

make an effort

노력을 하다

써니쌤의 핵심강의 ─────────────

별로 원치 않지만 혹은 일이 무척 어렵더래도 하는 것을 말하는 것으로 그 목적을 말하려면 make an effort to do의 형태로 사용하면 된다.

Point

I've made an effort 나 노력했다고
At least I'm making an effort 적어도 노력은 하고 있어

SPEAK LIKE THIS

● 넌 성공하기 위해서는 노력을 해야 된다(have to)고 말할 때
You have to make an effort to succeed.

● 넌 날보려는(see) 노력을 하지 않았다고 말할 때
You didn't make an effort to see me.

A: We have to make an effort to keep those receipts.
B: I'll ask everyone to turn in the ones that they have.

A: 그 영수증을 보관하는 데 노력을 기울여야 해.
B: 사람들한테 다 얘기해서 가지고 있는 영수증을 제출하라고 할게.

make a huge effort 엄청 노력을 하다

A: How did you finish this project? 이 프로젝트를 어떻게 끝냈어?
B: We made a huge effort to get it done. 우리는 그거 끝내려고 엄청난 노력을 했어.

in an effort to …을 해보려는 노력으로

A: I heard Dan gave you a diamond ring. 댄이 네게 다이아 반지를 줬다며.
B: He bought it in an effort to impress me. 나를 감동시키려고 샀대.

look over

검토하다, 살펴보다

써니쌤의 핵심강의 ————————————————

「검토하다」라는 말로 한 단어로 하면 examine과 같은 의미이다. sb나 sth을 좀 빠르게 살펴보거나 혹은 문맥에 따라 주의깊게 검토하는 것을 뜻하며, 뒤에 장소가 오면, 그 장소가 어떤지 훑어보는 것을 말한다. go over, check over와 같은 맥락의 표현이다.

Point

look over the contract 계약서를 살펴보다

SPEAK LIKE THIS

● 경찰(the police)은 범죄현장을 살펴봤다고 할 때
The police looked over the crime scene.

● 우리는 학습지침서(study guide)를 검토해봐야 된다고 할 때
We'd better look over the study guide.

A: Do you want to look over the menu?
B: No, I know what I want to eat.

A: 메뉴판을 볼래?
B: 아니, 뭘 먹고 싶은지 아는데.

go over 검토하다

A: Can we go over this paperwork? 우리 이 서류를 검토할 수 있을까?
B: Sure, let's start on page one. 물론. 1페이지부터 시작하자.

check over 철저히 조사하다

A: Why do you need a lawyer? 왜 변호사가 필요해?
B: I want him to check over the divorce agreement.
이혼합의서를 철저히 검토하기 위해서.

check out

체크아웃하다, 확인하다

써니샘의 핵심강의 _____

check out은 호텔에서는「퇴실 절차를 밟고 나가는」(pay a hotel bill and leave) 것,「도서관에서 책을 대출하는」(borrow books from a library) 것을 뜻하지만 일반적 의미로는「꼼꼼하게 점검하는」(examine closely) 것을 말한다. 회화에서 많이 쓰이는 Check it out은「한번 봐봐」라는 뜻.

Point

Check it out! 한번 봐봐!
I'm going to check it out 내가 확인해볼게

SPEAK LIKE THIS

● 야, 저 여자봐봐! 정말 섹시하다(hot)고 할 때
  Hey, check out that girl! She is really hot!

● 투숙객(guests)은 오전 11시까지 체크아웃해야 된다고 할 때
  Guests need to check out by 11:00 am.

A: We have got to check out those new cell phones.
B: Let's do it right now.

　A: 우리 저 새로 나온 핸드폰을 확인해봐야겠어.
　B: 지금 확인해보자.

check in 체크인하다, 탑승절차를 밟다, 확인하다

A: Let's stay at this hotel. 이 호텔에 묵자.
B: I'll go check in. 내가 가서 체크인할게.

A: Please watch the office staff. Do you follow me?
　사무실 직원들 잘 살피세요. 아시겠죠?
B: Yes, I'll check into all those things right away. 예, 곧바로 모든 걸 다 확인하겠습니다.

get in touch with

연락을 취하다

써니쌤의 핵심강의

전화 등의 통신수단을 통해 sb와 「연락을 하다」라는 동작을 뜻한다. 한 단어로 하자면 contact과 같은 의미이지만 get in touch with는 연락을 오래 간만에 하는 경우에 특히 쓰인다. 또한 「연락을 하고 지내고 있다」는 정적인 의미의 표현을 쓰려면 동사만 be, keep 혹은 stay로 바꿔주면 된다.

Point

You can get in touch with sb by calling+전번 …로 전화해서 …에게 연락할 수 있다
How can I get in touch with sb? 어떻게 …에게 연락을 할 수 있나요?

SPEAK LIKE THIS
- 샘에게 연락을 계속 취해봐(Keep trying to~)라고 할 때
  Keep trying to get in touch with Sam.

- 계속 연락하고 지내자. 내 이메일주소(e-mail address)는 sillage@nate.com이다 고 할 때
  Let's keep in touch. My e-mail address is sillage@nate.com.

A: **How can I get in touch with him?**
B: **You can leave me your name, and I'll tell him you called.**

A: 연락할 수 있는 방법이 없을까요?
B: 성함을 말씀해주시면 전화하셨다고 전해드리겠습니다.

keep[stay] in touch with 연락을 하고 지내다(*keep[be] in touch with sth는 …을 잘 알고 있다)

A: **Don't forget to drop me a line.** 잊지 말고 꼭 연락해.
B: **I'll make sure that I keep in touch.** 내가 꼭 연락할게

A: **You write to your grandma a lot.** 할머니에게 편지 많이 써라.
B: **I try to keep in touch with her.** 난 할머니하고 연락하고 지내려고 해.

owe A to B

B에게 A를 빚지다

써니쌤의 핵심강의

돈이나 도움 등 뭔가 상대방에게 빚졌다고 말할 때 쓰는 전형적인 표현. 형태는 기본적으로 owe sb sth 혹은 owe sth to sb라 쓰면 된다. 추가적으로 돈이 들어가는 이유까지 말하려면 owe sb sth(money) for sth라 하면 된다.

Point

owe much[a lot] to sb[sth] …에 많은 신세를 지다
owe sb an apology …에게 사과를 해야 한다

SPEAK LIKE THIS

- 릭은 내게 빚진 돈을 갚아야(pay sb+money) 돼라고 할 때
  Rick needs to pay me the money he **owes**.

- 탐은 부인에게 위자료(alimony)와 양육비(child support)로 약 오천 달러를 줘야 되는
  Tom **owes** about $5,000 **to** his wife for alimony and child support.

A: I heard you **owe a lot of money**.
B: Yes, I have no choice but to borrow it from my dad.

A: 너 빚진게 많다며.
B: 어, 아버지한테 빌릴 수밖에 없어.

How much do I owe you? 얼마예요?

A: How much do I owe you? 얼마 내면 되죠?
B: That will be fifty-five dollars. 55달러입니다.

get[be] in debt 빚지다

A: I got in debt using a credit card. 신용카드를 쓰다 빚더미에 빠졌어.
B: You'd better pay it off. 상환하는게 나을거야.

get away

도망가다, 빠져나가다, 휴가가다

써니쌤의 핵심강의

get away는 멀리 떨어지다라는 의미로 일차적으로는 get away from sb[sth]의 형태로 「…로 부터 도망가다」「빠져나가다」라는 뜻으로 쓰인다. 여기서 나아가 비유적으로 직장 등의 「일상에서 벗어나 휴식을 취하다」라는 뜻으로도 사용되어 getaway하면 명사로 「휴가」를 의미하기도 한다.

Point

getaway 휴가
make a get away from 도망가다

SPEAK LIKE THIS

● 그 살인범(murderer)은 완벽하게 빠져나갔다고 할 때
The murderer made a clean get away.

● 이 지겨운(boring) 파티에서 빠져나가자고 할 때
Let's make our get away from this boring party.

A: Why are there cops all over?

B: A prisoner made a get away from the jail.

　A: 왜 이 경찰들이 쫙 깔린거야?
　B: 죄수 하나가 탈주했대.

Get away from me! 꺼져!, 날 내버려 둬!(Get away! 역시 꺼져라는 말)

A: What's wrong with you? Why are you so angry?
무슨 일 있었니? 왜 그렇게 화가 났니?

B: Just get away from me! 날 좀 내버려둬!

A: Don't you understand I love you? 내가 널 좋아하는걸 모르겠어?

B: Get away from me! I don't like you at all! 꺼져! 난 널 전혀 안좋아하거든!

look into

조사하다, 자세히 들여다보다

써니쌤의 핵심강의 _____

어떤 상황이나 범죄 등 진지한 문제를 「주의깊게 조사하다」라는 말로 한 단어로 말하자면 investigate, examine carefully라 할 수 있다. 앞서 배운 look[go] over보다 더 심도있게 검토한다는 뜻이다. look into 다음에는 명사나 ~ing가 오게 된다.

Point

look into one's room ···의 방을 자세히 조사하다
look into one's future ···의 미래에 대해 진지하게 생각하다
look into one's brain ···의 뇌를 자세히 검사하다
I'm going to look into it 내가 조사해볼게

SPEAK LIKE THIS
- 내가 그 문제를 자세히 조사해본다고 말할 때
  I'll look into that problem.

- 경찰은 그 절도(theft)를 조사하고 있다고 할 때
  The police are looking into the theft.

A: I think Simon stole some money.
B: Alright, I will look into the matter.
　　A: 사이먼이 돈을 좀 훔친 것 같아.
　　B: 좋아, 내가 그 문제를 조사할게.

get more

_____

check into 확인하다, 조사하다(check up on 역시 확인하다)

A: This is a great way to make money. 이건 돈을 벌기 위한 아주 좋은 방법이야.
B: Really? I'm going to check into it. 정말? 내가 조사해볼게.

inquire into 조사하다(inquire about은 문의하다)

A: I'd like to inquire into getting a job here. 여기 일자리를 얻으려 문의하고 싶은데요.
B: I'm afraid we are not hiring. 죄송하지만 채용계획이 없는데요.

give birth to

출산하다

써니쌤의 핵심강의

낳은 아기는 to 이하에 넣으면 된다. have a baby와 같은 의미이다. 또한 딸인지 아들인지 말하려면 give birth to a baby girl[boy]라고 하면 된다. 참고로 좀 어렵지만 be expecting (a baby)하면 「임신하다」라는 표현이 된다.

Point

give birth to twins 쌍둥이를 낳다
give birth to a child 아기를 낳다
give birth to a baby girl 딸을 낳다
when I gave birth to you 내가 너를 낳았을 때

SPEAK LIKE THIS

● 내 아내는 최근(recently) 예쁜 딸을 낳았다고 말할 때
My wife recently gave birth to a beautiful baby daughter.

● 에린은 몇달 전에 출산했다고 전할 때
Erin gave birth a few months ago.

A: I haven't seen Marie in a few days.
B: She's due to give birth to her baby soon.

A: 몇일간 메리를 못봤어.
B: 곧 출산할 예정이야.

have a baby 아기를 낳다(have one's first child는 첫 애를 낳다)
A: I'd like to have a baby in a few years. 몇년내에 애를 낳고 싶어.
B: It will make you so happy. 그럼 네가 무척 행복해질거야.

start a family 아기를 갖다, 그래서 가정을 이루다
A: It's time for you to start a family. 넌 가정을 이룰 때가 됐지.
B: You mean I should get married? 내가 결혼해야 된다는 말이야?

get caught

들키다, 꼼짝달싹 못하게 잡히다

써니쌤의 핵심강의 _____

catch의 수동형인 get[be] caught는 다양한 의미로 사용된다. get caught (~ing)는 먼저 「(…하다가) 걸리다[붙잡히다]」 그리고 get[be] caught in하게 되면 in 이하의 상태에 「꼼짝달싹 못하다」, 「휘말리다」라는 의미로 사용된다.

Point

get[be] caught in a shower 불시에 소나기를 만나다

SPEAK LIKE THIS

- 난 집으로 오는 길에 갑자기 소나기(a shower)를 맞았어는

  I got caught in a shower on my way home.

- 컨닝하다 들키면 낙제하게(fail the class) 될 수도(end up ~ing) 있을거야라고 하려면

  If I get caught cheating, I could end up failing the class.

A: How come you're all soaked?

B: I got caught in the rain again without my umbrella!

    A: 왜 그렇게 흠뻑 젖었어?
    B: 우산없이 나갔다가 또 비를 쫄딱 맞았지 뭐야!

get caught in traffic 차가 막히다(traffic 대신에 a traffic jam을 써도 된다)

A: I hate getting caught in traffic. 난 차막히는 거 정말 싫어.

B: It always makes us late. 그 때문에 항상 늦잖아.

A: You were really late this morning. 너 오늘 아침 많이 늦었네.

B: I'm sorry, I was caught in traffic. 미안해, 차가 너무 막혔어.

pay back

갚다, 상환하다

써니쌤의 핵심강의

기본적으로 빌린 돈을 「돌려주다」 즉 「갚다」라는 의미로 pay sb back, 갚는 돈까지 말하려면 pay sb sth back이라고 하면 된다.

Point

pay sb back …에게 빌린 돈을 갚다
pay sb sth back …에게 …를 갚다

SPEAK LIKE THIS

● 너는 그 돈을 갚아야 된다(need to)고 말할 때
You need to pay back the money.

● 네 부모님께 돈을 갚았냐고 물어볼 때
Did you pay back your parents?

A: What are you doing with the money?
B: I need to pay back the credit card company.

　A: 그 돈갖고 뭐할거야?
　B: 카드사에 돈을 갚아야 돼.

---

pay sb back with interest 이자쳐서 돈을 갚다

A: Did you take out a loan? 너 융자받았어?
B: Yeah, but I paid it back with interest. 어, 하지만 이자와 함께 상환했어.

pay off 빚을 청산하다

A: He already owes a million dollars. 걘 이미 많은 돈을 빚지고 있어.
B: It will take forever to pay off that amount. 그 많은 돈을 갚으려면 엄청 오래걸릴거야.

have an interest in
관심이 있다

써니쌤의 핵심강의 _____

관심과 흥미를 갖고 있는 것을 말할 때 사용하는 것으로 interest에 관사가 있는게 일반적이다. 또한 interest를 동사로 써서 be interested in이라고 써도 된다. 모두 in 다음에는 명사나 ~ing을 붙여 쓰면 된다.

Point

I'm not interested in~ 난 …에 관심이 없어
Are you interested in~? …에 관심있어?

SPEAK LIKE THIS
- 그들은 사업을 성공하게(make~successful) 하는데 관심이 있다고 할 때
  They have an interest in making the business successful.

- 상대방고 내일 바베큐에 올거냐(com over for)고 물어볼 때
  Are you interested in coming over for a barbecue tomorrow?

A: Would you like to go to a museum?
B: No, I'm not interested in art.

A: 박물관에 갈래?
B: 아니, 난 미술에는 관심없어.

show an interest in …에 대한 관심을 나타내다
A: I see your son plays the piano. 네 아들 피아노 치지.
B: He showed an interest in learning to play. 걘 피아노치는 걸 배우는데 관심을 나타냈어.

That's interesting 흥미로운데
A: I spent a decade in China. 10년간 중국에서 보냈어.
B: That's interesting. What did you do there? 흥미로운데. 거기서 뭐했는데?

while ~ing

…하는 동안에

써니쌤의 핵심강의

while은 접속사로 어떤 행동이나 상황이 지속되는 것을 말할 때 요긴한 단어로 while S+V가 기본이지만 회화에서는 약식으로 while ~ing 혹은 while+구의 형태로 자주 쓰인다.

Point

while in New York 뉴욕에 있는 동안
while I'm gone 내가 없는 동안
while I'm out 내가 외출하는 동안

SPEAK LIKE THIS

● 농구를 하다(play basketball) 발목을 삐었다(sprain one's ankle)고 말할 때
I sprained my ankle while playing basketball.

● 내가 일하는 동안(try to work) 제발 노래 좀 그만 부를테야(stop ~ing)라고 부탁할 때
Could you please stop singing while I'm trying to work?

A: Good heavens! What happened to you?
B: I got attacked while coming home from work.

A: 맙소사! 너 무슨 일이니?
B: 퇴근 길에 얻어 맞았어요.

during~ …하는 동안

A: When did the problem happen? 그 문제가 언제 생긴거야?
B: It happened during the staff meeting. 직원회의 때에 생겼어.

as long as …하는 동안, …하기만 하면

A: Do you take checks? 수표 받나요?
B: Yes, as long as you have identification. 네, 신분증을 제시하시면요.

220

hurry up

서두르다

써니쌤의 핵심강의

잘 알려진 표현으로 뭔가를 「서두르다」라는 의미. 특히 상대방보고 늦을지 모르니 행동을 서두르라고 재촉할 때 사용된다. 비슷한 의미의 표현으로는 be in a hurry[rush] 등이 있다.

Point

Hurry up! 서둘러!
hurry up and do~ 서둘러 …하다
hurry up with sth …을 서둘러하다

SPEAK LIKE THIS

● 서둘러, 그 프로그램이 시작한다고 말할 때
　Hurry up, the program is starting!

● 서둘러라, 너 너무 운전을 늦게 한다고 짜증낼 때
　Hurry up, you drive too slow!

A: If you don't hurry up we'll be late.
B: Okay, okay, I'm coming.
　　A: 네가 서두르지 않으면, 우리는 늦을거야.
　　B: 알았어, 간다고.

be in a hurry 서두르다(be in such a hurry의 형태로 많이 쓰인다)

A: Why is he in such a hurry? 그 친구 왜 그리 급한데?
B: He's running late. 늦었거든.

be in a rush 급하다, 서두르다

A: Could you please hurry? I'm in a bit of a rush. 빨리 좀 주세요, 제가 좀 바쁘거든요.
B: I'll try my best. 최선을 다하겠습니다.

give it a try

한번 해보다, 시도하다

써니쌤의 핵심강의

try를 명사로 쓴 표현으로 상대방에게 한번 시도해보라고 조언내지는 권유할 때 사용한다. 그냥 명령형으로 써도 되고 아니면 Why don't you~을 앞에 붙여서 권유해도 된다.

Point

Why don't you give it a try? 한번 해봐
I'll give it a try 내가 한번 해볼게

SPEAK LIKE THIS

● 한번 시도해봐(why don't~)라고 상대방에게 권유할 때
Why don't you give it a try?

● 정말 잘 모르겠지만 난 기꺼이(be willing to~) 한번 해보려고 한다고 할 때
I really don't know for sure, but I'm willing to give it a try.

A: Why don't you give it a try right now?
B: Okay, let's do it.

    A: 지금 당장 한번 해 보는 게 어때?
    B: 알았어, 한번 해 보자.

---

try again 다시 해보다

A: The first attempt didn't work. 첫번 째 시도는 효과가 없었어.
B: Try again and you'll succeed. 다시 해봐, 그럼 성공할거야.

try to do …해보려 하다(try ~ing, try and do라고 해도 된다)

A: What happened with Susan last night? 어젯밤 수잔하고 어떻게 됐어?
B: I tried to kiss her, but failed. 키스하려고 했는데 실패했어.

be time to

…해야 할 시간이다, …해야 할 때이다

써니샘의 핵심강의 ───────────

It's time (for+사람) to do는 시간의 순서상 「…할 차례가 되었다」는 것이 아니라 의당 벌써 했어야 하는 일인데 좀 늦은 감이 있다라는 뉘앙스를 풍기는 표현. 현재와 반대되는 사실을 말하는 게 되어 뒤에 절이 올 때는 It's time you got a job처럼 과거형을 쓰게 된다. 강조하려면 time 앞에 high를 붙이면 된다.

Point

It's time to do~ …해야 할 때이다
It's time S+V(과거) …해야 할 때이다
It's time for~ …해야 할 때이다

SPEAK LIKE THIS

● 아침을 먹을 시간이라고 말할 때
It's time to eat breakfast.

● 휴가를 가서(take a vacation) 즐길(enjoy oneself) 때가 되었다고 말할 때
It's high time we took a vacation and enjoyed ourselves.

A: It's time to get moving. We don't want to be late.
B: I'll be ready in a minute.

A: 이동해야 될 시간야. 늦으면 안되잖아.
B: 곧 준비할게.

Now is the time to~ 이제 …할 때이다

A: Real estate prices are very low. 부동산가격이 무척 낮아.
B: Now is the time to buy a house. 지금이 집을 사기에 좋은 때야.

when it's time to~ …할 때가 되면

A: Should we leave now? 지금 출발해야 될까?
B: When it's time to leave, I'll tell you. 출발할 때가 되면, 내가 말해줄게.

be in the way

…의 방해가 되다

써니쌤의 핵심강의 _____

가는 길에 있다, 버티고 있다라는 의미로 비유적으로 「방해가 된다」라는 뜻으로 쓰인다. 살짝 어려운 표현으로 be 대신에 stand나 get을 써도 된다.

Point

get in the way 방해가 되다
stand in the way 방해가 되다
The bus is in the way 버스가 가로막고 있어

SPEAK LIKE THIS

● 네가 방해하고 있으니 비켜줘야(move)겠다고 할 때
You **are in the way** and need to move.

● 책상이 선생님을 가로 막고 있었다고 할 때
The desk **was in the teacher's way.**

A: Can you move? You're in the way.
B: Sorry, I didn't mean to block you.

   A: 비켜줄래? 네가 방해가 돼서.
   B: 미안, 너를 방해할려는 것은 아니었어.

get in the way 방해가 되다

A: This old sofa is too big. 이 낡은 소파는 너무 커.
B: I know, it just gets in the way. 알아, 그냥 걸리적 거릴 뿐이야.

stand in the way 방해하다

A: Don't stand in the way. 방해하지마.
B: I'll move to the side. 옆으로 비켜설게.

be in charge of

…을 책임지고 있다

써니쌤의 핵심강의

여기서 charge는 책임, 담당이라는 말로 be in charge는 「책임을 지고 있다」 「담당하고 있다」 「맡고 있다」라는 표현이 된다. 책임지는 내용을 함께 말하려면 be in charge of라 하면 된다.

Point

be the person in charge 책임자이다
Who's in charge? 누가 책임자야?

SPEAK LIKE THIS

● 걔가 이 빌딩 전체(whole building)를 책임지고 있다고 할 때
He's in charge of the whole building.

● 주차허가(parking permits)를 담당하는 사람과 얘기하고 싶어요라고 할 때
I would like to talk to the person in charge of parking permits.

A: I'm in charge of buying the beer for the party.
B: That sounds like an expensive responsibility!

　A: 파티 때 내가 맥주를 책임지기로 했어.
　B: 거 참, 돈깨나 들겠는걸!

be responsible for …을 책임지다, …의 책임이다

A: Are you responsible for paying salaries? 급여지급담당은 누구야?
B: No, that's not me. 몰라. 나는 아냐.

take responsibility 책임지다

A: I don't know who created the problem. 난 누가 이 문제를 야기했는지 모르겠어.
B: Someone better take responsibility for it. 누군가 이거에 대한 책임을 쳐야 돼.

the day after tomorrow
내일모레

써니쌤의 핵심강의

조금은 길지만 내일보다 하루 더 미래인 「내일모레」를 뜻하는 표현이다. 반대로 「그저께」는 the day before yesterday라고 한다.

Point

the day before yesterday 그저께

SPEAK LIKE THIS

● 난 뉴욕에서 일자리를 구했어(take a job). 모레 떠날거야라고 할 때
I took a job in New York. I'm leaving the day after tomorrow.

● 그저께 어디에 있었냐(be there)고 물어볼 때
Where were you the day before yesterday?

A: When is the earliest you can come?

B: I'll be there the day after tomorrow.

A: 가장 빨리 올 수 있는 시간이 언제야?
B: 내일 모레 도착할거야.

this time of year 연중 이 맘때에

A: It was snowing yesterday. 어제 눈이 내렸어.

B: That's strange for this time of year. 이 맘때에 참 이상하다.

A: I think we're going to get a snowstorm. 폭설이 내릴 것 같아.

B: This time of year we get a lot of snow. 매년 이 맘때에 눈이 많이 와.

1
A: I got the pictures _____ from our trip.
B: Oh, great. How are they?
A: They _____ _____ pretty well.
B: That's good because usually I don't take a good picture.

A: 우리 여행가서 찍었던 사진 나왔어.
B: 그래? 잘됐다. 어떻게 나왔니?
A: 꽤 잘 나왔어.
B: 다행이다. 난 사진을 잘 못찍는데…

2
A: What do you want me to do?
B: I want you to get me a present.
A: Why should I do that?
B: Because I _____ you a lot of money on the deal.

A: 내가 어떻게 하길 바래?
B: 선물 사다줘.
A: 내가 왜 그래야 하는데?
B: 그 거래에서 내가 돈을 많이 절약하게 해줬잖아.

3
A: Where are you going?
B: I'm going out to lunch with one of my coworkers.
A: Why do you always go out for lunch?
B: For Pete's sake! _____ me alone!

A: 어디 가니?
B: 동료와 점심하러 나가는 길이야.
A: 넌 어째서 맨날 밖에서 점심을 먹어?
B: 제발! 날 좀 내버려둬!

4
A: Where have you been all night?
B: I was at my friend's house.
A: I was worried about you… you _____ _____ called.
B: Sorry, I didn't want to wake you up.

A: 밤새 어디에 있었니?
B: 친구 집에 있었어.
A: 걱정했잖아… 전화를 했어야지.
B: 미안. 너를 깨우고 싶지 않았어.

5
A: I saw Sam working in the office today.
B: That's weird, she is _____ to be on vacation.
A: Maybe they really needed her help.
B: I hope she's getting paid double time.

A: 오늘 샘이 사무실에서 일하고 있더라.
B: 거 이상하네. 휴가 중일텐데.
A: 걔 도움이 절실히 필요했나 보지.
B: 걔가 두 배로 월급을 받았음 좋겠다.

6 A: Will you come to _____ for my company?

B: Let me have some time to think it over.

A: Okay, I'll give you until the end of the week.

B: Fair enough… on Friday I'll give you my answer.

A: 우리 회사에서 일하시겠어요?

B: 좀 생각해볼 시간을 주십시오.

A: 좋습니다. 이번 주말까지 시간을 드리죠.

B: 좋습니다… 금요일날 답을 드리죠.

7 A: Why don't you _____ it a try right now?

B: Okay, let's do it.

A: I'll let them know that we are going.

B: I'm just going to get my phone and we can leave.

A: 지금 당장 한번 해 보는 게 어때?

B: 알았어, 한번 해 보자.

A: 지금 간다고 그들에게 알릴게.

B: 잠깐 전화기 좀 챙기고 출발하자.

8 A: I heard that Tony is coming to town this weekend.

B: Did you get in _____ with him?

A: No, his friend told me last night.

B: I wonder if he's going to call us.

A: 이번 주말에 토니가 시내에 온대.

B: 걔하고 연락한거야?

A: 아니. 걔 친구가 지난 밤에 얘기해줬어.

B: 우리에게 연락할지 모르겠네.

Answers

1. (get)~back 받아오다, turned out …하게 나오다   2. saved (sb a lot of money) …가 많은 돈을 절약하게 해줬다   3. Leave (me alone) 나 좀 내버려둬   4. should have (called) 전화를 했어야 했다
5. (be) supposed to …하기로 되어 있다   6. work (for) …에서 일하다   7. give (it a try) 한번 시도해 보다   8. (get in) touch (with) …에게 연락하다

감히 써볼 생각을
못해본 표현들

I guess we'll have to star
over again.

Chapter

6

203-243

I'm not sure
about the weather
tomorrow.

Would you like to
go out to lunch
with me?

I don't know when he will come back.

keep one's word

약속을 지키다

써니쌤의 핵심강의 _____

word는 자기가 한 말이라는 뜻, 즉 다시 말해 약속이라는 의미가 있다. 그래서 「약속을 지키다」는 keep one's word, 반대로 「약속을 깨다」는 break one's word라 한다. 또한 「약속을 하다」는 give sb one's word라고 하면 된다.

Point

give sb my word …에게 약속하다
break one's promise[word] 약속을 지키지 않다
keep one's promise 약속을 지키다

SPEAK LIKE THIS
- 빌리 레이는 약속을 지키는 적이 없다고 할 때
  Billy Ray never keeps his word.

- 네가 약속을 깨지 않을거라 믿는다(trust)고 할 때
  I trust you won't break your word.

A: Do you promise to have the report finished by tomorrow?

B: You have my word on it.

A: 내일까지 보고서 마칠거야?
B: 그거 꼭 약속할게.

You have my word 약속할게(You have my word on sth는 …을 약속할게라는 의미)

A: So you'll buy my car? 그럼 너 내 차를 살거야?

B: Yes, you have my word. 어, 약속할게.

Take my word for it 내 말 믿어, 진짜야

A: Do you think Cathy likes me? 캐시가 나를 좋아하는 것 같아?

B: Take my word for it, she's crazy about you. 내 말 믿어, 너한테 푹 빠졌어.

go to college

대학에 가다[진학하다]

써니쌤의 핵심강의

대학교에「진학하다」즉「들어가다」혹은「…대학을 다녔어」라는 말을 막상 영어로 하려면 꿀먹은 벙어리가 되기 쉽상이다. 그냥 어렵게 생각하지 말고 우리말 그대로 go to college. 과거에「고등 학교에서 다녔어」라고 하려면 went to high school이라고 하면 된다.

Point

go to college 대학교에 가다[들어가다]
I went to college 난 대학에 진학했어
We went to high school together 우리는 함께 고등학교에 갔어
I didn't go to college 난 대학진학을 하지 않았어

SPEAK LIKE THIS
- 탐은 캘리포니아에 있는 대학에 다녔다고 말할 때
  Tom went to college in California.

- 토니가 MBA 따러 하버드에 간 것을 몰랐냐(Don't you know~?)고 물어볼 때
  Don't you know Tony went to Harvard for an MBA?

A: What will Aurora do after high school?
B: I think she'll go to college.
   A: 오로라는 고등학교 졸업후 뭐할거야?
   B: 대학에 진학하겠지.

graduate from 졸업하다(undergraduate 대학생, graduate 대졸자, graduate student 대학원생, graduate school 대학원)

A: When did you graduate from university? 대학교 언제 졸업했어요?
B: Quite some time ago! 꽤 오래됐어요!

go to graduate school 대학원에 진학하다(go to school 등교하다)

A: I really want to go to graduate school. 정말이지 대학원에 진학하고 싶어.
B: Have you ever been accepted into a graduate program?
대학원 과정에 입학허가를 받은 적이 있어?

231

keep ~ing

계속 …하다

써니쌤의 핵심강의

「계속하다」는 continue이지만 keep ~ing 또한 일상생활영어에서 무척 많이 쓰인다. keep on~ing이라고 써도 된다. 사용되는 형태는 일반문장에서 뿐만 아니라 Keep going!(계속해!)처럼 명령형으로도 많이 사용된다.

Point

Keep going! 계속해!

Keep talking! 계속 말해봐!

SPEAK LIKE THIS
- 난 크리스가 좋다고(say yes) 할 때까지 계속 조를거야라고 하려면

  I'm going to **keep** asking Chris until he says yes.

- 네가 그렇게(like that) 술을 마셔대면, 넌 배가 나올(get a potbelly)거야라고 할 때

  If you **keep** drinking like that, you're going to get a potbelly.

A: You look healthy.

B: I **keep** exercising during my free time.

  A: 너 건강해 보여.
  B: 시간날 때 계속 운동을 해.

go on with[go on ~ing] 계속 …하다

A: Are you planning to quit? 너 그만 둘 생각이야?

B: No, I'll **go on** working here. 아니, 여기서 계속 일할거야.

carry on 계속하다(continue)

A: You've got to **carry on** with the report. 넌 이 보고서를 계속 작성해야 돼.

B: It will be finished in a few hours. 몇 시간 내로 끝날거야.

let alone

…은 말할 것도 없고

써니쌤의 핵심강의

주로 「부정문~, let alone~」의 형태로 쓰이며, 부정문의 내용을 강조하기 위해 let alone 다음에
부정의 내용어와 비교되는 단어를 넣으면 된다. 형태는 부정문안의 비교대상과 맞춰서 동사, ~ing,
명사 등 아무거나 자유롭게 올 수 있다.

Point

부정문~, let alone+N[V, ~ing] …는 말할 것도 없고 …도 아니다

SPEAK LIKE THIS

● 난 뛰는 것은 고사하고 빨리 걸을(walk fast) 수조차 없다고 할 때
I can't even walk fast, let alone run.

● 난 승진은 고사하고, 임금인상(pay raise)도 기대하지 않았다고 할 때
I didn't expect a pay raise, let alone a promotion.

A: Why don't we live together with Sally?

B: This place is too small for two people, let alone three.

A: 우리 샐리강 함께 살자.
B: 이 집은 세명은 고사하고 두명도 살기에 좁아.

not to mention …은 말할 것도 없고, …은 물론

A: What's on the schedule tomorrow? 내일 일정이 뭐야?

B: We're attending a show, not to mention a dinner afterwards.
한 전시회에 가는데 끝난 후에 저녁식사는 당연히 있고.

A: We'd better start cooking dinner. 우리 저녁 요리를 시작해야겠어.

B: Yeah, we need food, not to mention a good dessert.
그래, 맛난 후식은 물론 음식이 필요해.

have a word

얘기를 나누다

씨니쌤의 핵심강의

have a word는 무슨 말을 전달하기 위해 「사적으로 이야기하다」라는 뜻. 다만 words로 해서 have words하면 「다투다」, 「논쟁하다」라는 뜻이 된다.

Point

have a word with sb …와 얘기를 나누다
need a word with sb …와 얘기를 나누어야 한다

SPEAK LIKE THIS

● 난 오늘 아침에 걔가 사무실에 들어오면(come into) 걔와 얘기를 나눌거야는
  I'll **have a word with** her when she comes into the office this morning.

● 난 헨리의 못된 행동(bad behavior) 때문에 걔와 다투었다고 할 때
  I **had words with** Henry over his bad behavior.

A: My neighbor is really bothering me.
B: I'll go **have a word with** him.

A: 내 이웃은 정말 짜증나게 해.
B: 가서 그 사람하고 얘기해볼게.

have a chat 잡담을 나누다

A: The boss **had a chat with** me. 사장과 이야기를 나누었어.
B: Really? Are you in trouble? 정말? 너 곤경에 처한거야?

chat on the internet 인터넷에서 채팅하다

A: Where's Andrew now? 앤드류가 어디 있어?
B: He's **chatting on the internet** in his room. 자기 방에서 인터넷 채팅하고 있어.

be done with

...을 끝내다, ...을 처리하다

써니샘의 핵심강의

「...끝내다」「마치다」하면 finish이지만 be done with 또한 많이 사용된다. be done with는 일반적인 일이나 업무 외에도 「음식을 다 먹다」「사람과 헤어지다」 등 다양한 의미로 사용된다. 물론 with 없이 걍 be done이라고 쓰기도 한다.

Point

I'm done with it 나 그거 끝냈어
I'm not done with~ ...을 끝내지 않았어
Are you done with~? ...을 끝냈어?
You done? 다했어?, 다 끝냈어?

SPEAK LIKE THIS

● 이 집 청소하는(clean up) 거 끝냈다고 할 때
I am done with cleaning up this house!

● 오늘 저녁에 먹을(for tonight) 요리 다 했냐고 물어볼 때
Are you done with cooking for tonight?

A: Can I take away your plate?
B: No, I'm not done with my snacks.

　A: 접시 치울까?
　B: 아니, 과자 아직 다 못먹었어.

finish ~ing[N] ...을 끝내다

A: Mr. Smith, I finished all of my class work. 스미스 선생님, 학과수업 다 끝냈는데요.
B: Good job. You may go now. 잘했어. 이제 가도 돼.

be finished with ...을 끝내다

A: When can we go home? 우리 언제 집에 갈 수 있어?
B: After we're finished with this project. 이 프로젝트를 끝낸 후에.

have sb+V

…에게 …하라고 하다[시키다]

써니쌤의 핵심강의

have sb 다음에 동사원형이나 ～ing가 오면 목적어가 능동적으로 뭔가를 하게끔 주어가 시킨다는 의미. 같은 의미로 have 대신에 get을 쓸 수가 있는데 이 때는 get sb to+동사처럼 to가 들어간다는 점이 have와 다르다.

Point

I'll have sb call you back …에게 전화하라고 할게

SPEAK LIKE THIS

● 내 비서보고 그 일을 하도록(work on) 할게라고 하려면
I will have my secretary work on it.

● 가능한 한 빨리 걔보고 전화하라고(return one's call) 해달라고 부탁할 때
Please have her return my call as soon as possible.

A: I'm sorry, he's on another line at the moment.

B: That's all right. Just **have** him return my call.

　　B: 죄송합니다만 지금 다른 전화 받고 계시는데요.
　　A: 괜찮습니다. 전화 좀 해달라고 하세요.

get sb to + V　…에게 ~을 하게 하다

A: I'll **get** her **to** apologize to you. 걔가 너에게 사과하도록 할게.
B: You don't have to do that. 그럴 필요 없는데.

A: I can't figure out this homework. 이 숙제를 이해못하겠어.
B: **Get** your friends **to** help you with it. 친구들에게 그거 좀 도와달라고 해.

make sure

확실히 하다

써니쌤의 핵심강의 ─────────────

잘 사용하면 네이티브와 회화하는데 많은 도움이 되는 표현. 특히 Let me make sure that S+V의 형태로 자신 없는 대화내용을 확인할 때 사용하면 되고, 반대로 상대방에게 「…을 확실히 하라」, 「…을 꼭 확인해」라고 할 때는 Please make sure that S+V라 하면 된다.

Point

Let me make sure (that)~ …을 확인해볼게
I'll make sure~ …을 확인해볼게
(Please) Make sure (that)~ …을 확실히 해
I want to make sure~ …을 확실히 하고 싶다
I want you to make sure~ 네가 …을 확실히 해라

SPEAK LIKE THIS
● 엄마가 나갈(leave) 준비가 되었는지(be ready to) 확인해볼게는
  Let me make sure Mom is ready to leave.

● 수잔이 내일 내 파티에 반드시 오도록(come to one's party) 해라고 할 때
  Please, make sure that Susan comes to my party tomorrow.

A: We told Cindy to leave our group.
B: I want to make sure she stays away.

   A: 우리는 신디에게 우리 그룹에서 빠지라고 했어.
   B: 걔가 얼씬거리는지 확인할테야.

be sure to~ 반드시 …하다(Be sure to~는 반드시 …해라라는 명령형 문장)

A: I'm visiting New York. 난 뉴욕을 방문할거야.
B: Be sure to visit the Statue of Liberty. 자유의 여신상도 꼭 가봐.

A: I'll leave around three o'clock. 3시 경에 나갈거야.
B: Be sure to lock the door. 반드시 문 잠그도록 해.

figure out

생각해내다, 알아내다

써니쌤의 핵심강의

생각을 한 후에 뭔가 「이해하거나」, 「알아내거나」 혹은 어떤 문제점을 「해결하다」라는 의미로 쓰이는
표현. 대상은 사물, 사람 모두 올 수 있으며 특히 figure out+의문사~형태가 많이 쓰인다.

Point

figure out why 그 이유를 생각해내다
I'm trying to figure out why S+V 왜 …한지를 알아내려고 하다

SPEAK LIKE THIS

● 팀과 나 모두 처음에(at first) 이해못했지만(not get it) 나중에 이해하게 되었다는
Tim and I didn't get it at first either, but then we figured it out.

● 이 프린터 뭐가 문제인지(be wrong with) 알아내는데 좀 도와주라고 할 때
I'd like you to help me figure out what's wrong with this printer.

A: Did you solve the puzzle?
B: No, I didn't figure it out.

A: 그 퍼즐 풀었어?
B: 아니, 난 못 알아냈어.

---

find out 알아내다(find는 찾다, 발견하다)

A: How did you find out about this concert? 이 콘서트 어떻게 알아낸거야?
B: There was a newspaper ad describing it. 신문에 광고났었어.

A: How did you find out Jillian died? 질리언이 죽었다는 사실을 어떻게 알았어?
B: I found out from her family. 걔네 가족들한테 들어 알았어.

be in trouble

곤경에 처하다

써니쌤의 핵심강의 _____

사람얼굴이나 살아가는 삶이나 '트러블'이 없어야 하는데…. be[get] in trouble은 주어가 「곤경에
처하다」라는 의미. 반대로 주어가 「sb를 곤경에 처하게 하다」고 할 때는 get sb in trouble이라고
하면 된다.

Point

You'll be in trouble if~ ~하면 곤경에 처할거야
You're in trouble 너 큰일났다

SPEAK LIKE THIS

● 닐은 자기 아내와 문제가 생겼다고 할 때
Neil is in trouble **with his wife.**

● 너 또 문제 생긴거냐고 할 때
Are you in trouble again?

A: Why do you look so gloomy?
B: I am in trouble for being late.

　A: 왜 그렇게 꿀꿀하게 보여?
　B: 지각해서 혼나게 될거야.

get in trouble 곤경에 처하다

A: Why are you so upset? 왜 그렇게 화가 났어?
B: I got in trouble for skipping class. 수업빼먹어서 혼났어.

get sb in trouble …을 곤경에 처하게 만들다

A: Let's stay out drinking tonight. 오늘밤 밤새 술마시자.
B: You're going to get me in trouble. 날 곤란하게 하려는구만.

work out

운동하다

써니쌤의 핵심강의

work out은 「해결하다」 「…하게 되다」 등 다양한 중요한 의미로 쓰이지만 여기서는 「운동하다」라는 뜻으로 쓰이는 경우를 살펴본다. 특히 매일 gym이나 fitness club 등에 가서 규칙적으로 건강이나 몸매를 위해 운동하는 것을 뜻한다. 명사로 workout 역시 운동이란 의미.

Point

work out at the gym 체육관에서 운동하다

SPEAK LIKE THIS
● 우리는 체육관에서(at the gym) 운동할 수 있다고 할 때
We can **work out** at the gym.

● 몸매유지하려면(stay in shape) 운동을 해야된다고 충고할 때
You need to **work out** to stay in shape.

A: A little exercise will do you good.
B: I know that. I'm trying to **work out** every day.

A: 조금만 운동을 해도 도움이 될거야.
B: 알아. 난 매일 운동하려고 해.

get more

get exercise 운동하다
A: Why do your parents go on long walks? 너희 부모님은 왜 그렇게 오래 산책하셔?
B: They do it to **get exercise**. 운동삼아 그러시는거야.

shape up 몸매를 다지다(be on a diet는 다이어트하다)
A: We are both getting fat. 우리 둘 다 살이 찌고 있어.
B: Then it's time for us to **shape up**. 그럼. 우리 운동해서 건강해져야 될 때야.

at the same time

동시에

써니샘의 핵심강의

뭔가 동시에 두 가지 이상의 일이 일어나는 것을 말할 때 사용하는 빈출 부사구이다. 물론 글자 그대로 써서 「같은 시간에」라는 의미로 쓰일 수도 있다는 점을 알아둔다.

Point

one after another 잇달아, 차례로

SPEAK LIKE THIS

● 남성이 여성의 가슴을 보며(look at) 동시에 생각하는 것은 불가능하다고 말하려면

It's impossible for males to look at breasts and think at the same time.

● 우리 같은 시간에 내일 여기서(here tomorrow) 만나자고 할 때

We'll meet here tomorrow at the same time.

A: You're picking up two people at the station?

B: Yeah, they're arriving at the same time.

A: 너 역에서 두 명 픽업해?

B: 어, 같은 시간에 도착해.

---

get more

one at a time 한번에 하나씩

A: I have a lot of notes. 메모한 게 많은데요.

B: Read them to me one at a time. 한번에 하나씩 읽어줘봐.

all the time 항상

A: I don't understand why my wife is so tired all the time.

아내가 왜 맨날 피곤해하는지 모르겠어.

B: Put yourself in her shoes and you'll see why. 입장바꿔 생각하면 이유를 알게 될거야.

get there

거기에 가다

써니쌤의 핵심강의 ─────────

물론 비유적으로 「성공하다」라는 뜻도 있지만 여기서는 단순히 go나 come의 대용으로 쓰이는 be[get] here[there]만 알아보기로 한다. 네이티브가 무척 많이 쓰는 표현으로 꼭 알아두어야 한다.

Point

get there from~ …로부터 거기에 가다
get here 여기에 오다, 도착하다
How do I get there? 거기 어떻게 가지?

SPEAK LIKE THIS

● 여기서(from here) 거기 가는데 15분 정도 걸린다고 할 때
It takes about 15 minutes to get there from here.

● 걔가 언제 여기에 도착할 것 같냐고(when do you think~) 물어볼 때
When do you think he's going to get here?

A: It's a long drive to Busan.
B: When will we get there?

A: 부산까지는 차로 엄청 가야 돼.
B: 언제 우리가 도착할까?

arrive at 도착하다

A: When is Tom scheduled to arrive at the office? 탐이 언제 사무실에 도착할 예정이니?
B: He's supposed to arrive tomorrow after 3 o'clock.
내일 3시 후에 도착하게 되어 있어.

get lost 길을 잃다(get 대신에 become을 써도 된다)

A: I heard the new guy was late. 신입직원이 지각했다며.
B: That's right. He got lost. 맞아. 길을 잃었대.

come down with

(병 등에) 걸리다

써니쌤의 핵심강의 ────────────────

with 이하의「병에 걸렸다」는 의미의 표현으로 주로 치명적이지 않은 병에 걸렸을 때 이 표현을 쓰면 된다. 그래서 come down with 다음에는 illness가 와야지 disease가 오지는 않는다. 물론 두 단어는 비슷한 의미로 쓰이지만 엄밀하게 말하면 heart disease과 같은 중병이나 혹은 전염되는 병은 illness라고 하지는 않는다.

Point

come down with the flu 독감에 걸리다
come down with a cold 감기에 걸리다

SPEAK LIKE THIS
- 하루 종일 재채기를 했어(sneeze). 감기에 걸린 게 분명해(must be)라고 말할 때
 I have been sneezing all day, I must be coming down with a cold.

- 우리 선생님은 독감(flu)에 걸렸다고 말할 때
 Our teacher came down with the flu.

A: Where's Randy today?

B: He came down with a cold and called in sick.
 A: 오늘 랜디는 어디 있니?
 B: 그 친구 감기에 걸려서 병가냈어.

get sick 아프다(be sick with는 …로 아프다)

A: I can't believe you never showed up at the meeting. 너 어떻게 회의에 나타나지도 않았어?

B: My wife got sick and I had to take her to the doctor.
아내가 아파서 병원에 데려가야 했어.

catch a cold 감기 걸리다(catch 대신에 get를 써도 된다)

A: What's wrong with you? 왜 그래?

B: I caught a cold. 감기걸렸어.

blame ~ for ~

…로 …을 비난하다, 탓하다

써니쌤의 핵심강의

blame은 「비난하다」 「탓하다」라는 단어로 blame sb for sth은 「…을 나무라다」 「탓하다」 그리고 blame sth on sb하게 되면 「…의 탓으로 돌리다」라는 뜻이 된다. 그밖에 유명한 표현으로는 be to blame(…의 책임이다)이란 것도 있다.

Point

I don't blame you 그럴 만도 해
Don't blame me 날 뭐라 하지마
blame oneself for 자책하다
be to blame …의 책임이다

SPEAK LIKE THIS

● 걔는 실패(failure)를 샘의 탓으로 돌렸다고 말할 때
He blamed Sam for the failure.

● 폭풍으로 홍수가 일어난다고 할 때
A storm is to blame for the flooding.

A: Cliff is getting a divorce.
B: He blames his wife for their broken marriage.

A: 클리프가 이혼한대.
B: 걔는 결혼파탄을 아내탓으로 돌리고 있어.

accuse ~ of …로 …를 비난하다, 고소하다

A: What did they accuse you of doing? 그 사람들이 무엇 때문에 널 고소한거야?
B: They accused me of tax evasion. 세금포탈을 했다고 고소한거야.

find fault with 비난하다(주로 잘못된 점을 찾아낸 후에 비난하는 것을 말한다)

A: What problems are you having? 무슨 문제가 있는거야?
B: My friends are all finding fault with me. 내 친구들이 다들 나를 비난해.

in case S+V

...에 대비하여

써니쌤의 핵심강의 _____

in case의 이하의 일이 일어날 지도 모르니라는 말로 in case 이하 때문에 대비하고 준비하는 등 뭔가 하려고 얘기할 때 주로 사용된다. 발생 가능성은 in case of+N의 형태로 써도 된다.

Point

just in case 혹시
in case of emergency 비상시에 대비해

SPEAK LIKE THIS

● 전기나갈 걸 대비해 오일램프를 집에 두고(keep~in the house)있다고 할 때

We keep an oil lamp in the house **in case** the electricity goes off.

● 시간내(in time) 못 돌아올(no make it back) 수도 있으니 가기 전 문잠그라고 할 때

In case I don't make it back in time, lock up before you leave.

A: I would like to take tomorrow off.

B: Just leave your cell phone on **in case** we need to get in touch.

A: 내일 쉬고 싶어.
B: 연락할지도 모르니 핸드폰 켜놔.

in case of ...에 대비해

A: Why do you need my phone number? 왜 내 전화번호가 필요한거야?

B: So we can call you **in case of** a problem. 그럼 문제생겼을 때 너한테 전화할 수 있잖아.

in that case 그렇다면, 그런 경우라면

A: Jim said that he'd pick up the tab. 짐이 자기가 계산한다고 했어.

B: **In that case** I'll have another drink. 그러면 한잔 더 해야지.

take one's time

천천히 하다

써니쌤의 핵심강의

서두르지 않고 천천히 신중하게 생각하면서 일을 진행한다라는 의미. 천천히 하는 내용은 take one's time with~ 또는 take one's time ~ing의 형태로 써주면 된다.

Point

> **take one's time with~** …을 천천히 하다
> **take one's time ~ing** 천천히 …을 하다
> **Take your time** 천천히 해
> **Take your time doing this** 천천히 이거를 해

SPEAK LIKE THIS

● 천천히 해. 난 급하지 않아(be in no rush)라고 할 때
  Take your time. I'm in no rush.

● 서두르지 말고 천천히 해. 그건 중요한 결정(important decision)이야라고 할 때
  Please take your time. It's an important decision.

A: I'll be back in five minutes.
B: Take your time. It's not that busy.
> A: 5분내 돌아올게.
> B: 천천히 해. 그렇게 바쁜거 아냐.

slow down 천천히 하다, 속도를 줄이다

A: Why don't you **slow down** a bit? 좀 천천히 가자.
B: I like to drive fast. 난 빨리 달리는 걸 좋아해.

take it slow 천천히 신중하게 하다(take things slow라고도 한다)

A: We need to hurry up. 우리는 서둘러야 돼.
B: **Take it slow**. We'll be fine. 천천히 해. 우린 괜찮을거야.

be friends with

…와 친구이다

써니샘의 핵심강의 _____

친구와 친하게 지내는 것은 혼자 할 수 없는 것이어서 friends는 복수형태가 된다는 점에 주의한다. 그래서 be friends with sb는 「…와 친구이다」, 「…와 친하게 지내다」 등의 의미이며, 그런 상태가 되기 위해 「친구로 사귀다」는 make friends with를 쓴다.

Point

make friends with …와 친구를 맺다
What are friends for? 친구 좋다는게 뭐야?

SPEAK LIKE THIS

● 걔는 브래드 피트와 친구사이야라고 말할 때
  He **is friends with** Brad Pitt.

● 난 나이든 분(seniors)들과 친구를 맺고 싶다고 할 때
  I want to **make friends with** seniors.

A: That is my girlfriend, Anne.
B: I **am friends with** her dad.

  A: 내 여친 앤이예요.
  B: 난 걔 아빠와 친구사이야.

call by one's first name 이름을 부르다

A: Nice to meet you, Mr. Flynn. 플린 씨 만나서 반가워요.
B: Please **call me by my first name.** 그냥 이름을 부르세요.

be on a first-name basis 이름을 부르는 사이다( )

A: I heard she's very close to the boss. 걔가 사장과 무척 친하다며.
B: Yes, they **are on a first name basis.** 어, 서로 이름부르는 사이야.

make an appointment
예약을 하다

써니쌤의 핵심강의

appointment는 promise처럼 약속이란 같은 단어로 생각되어 혼란을 일으킬 수 있다. 하지만 promise는 주어가 「…을 하겠다」는 다짐의 약속이고, appointment는 업무상 만날 약속 혹은 병원 등의 예약을 뜻하는 단어이다.

Point

> **make a dental appointment** 치과예약을 하다
> **set up[schedule] an appointment** 약속[예약]을 잡다
> **have an appointment** 약속[예약]이 있다
> **have a doctor's appointment** 병원예약이 되어 있다

SPEAK LIKE THIS

● 다음 주로 예약을 하고 싶은데요(would like to~)라고 하려면
  I'd like to set up an appointment for next week.

● 난 의사선생님(surgeon)과 예약을 잡아야 돼(have got to)라고 할 때는
  I've got to schedule an appointment with the surgeon.

A: May I make an appointment for tomorrow?
B: Yes, tomorrow is fine.
　　A: 약속을 내일로 잡아도 될까요?
　　B: 예, 내일은 괜찮습니다.

be scheduled to …할 예정이다

A: When can I meet Eric? 언제 에릭을 만날 수 있을까요?
B: He is scheduled to be here this afternoon. 오늘 오후에 여기 올 예정예요.

A: The store is scheduled to close soon. 가게는 곧 문닫을 예정입니다.
B: Alright, let's go to the checkout. 알았어요, 계산하러 갑시다.

keep up with
…에 뒤떨어지지 않다, 따라잡다, 연락하다

써니쌤의 핵심강의

keep up with은 뒤떨어지지 않고 계속 따라잡는다는 개념에서 keep up with~하게 되면 「…에 뒤지지 않다」 「…을 잘 알다」 「…와 연락하고 지내다」라는 의미로 사용된다.

Point

keep up with the Joneses 남부럽지 않게 살다

SPEAK LIKE THIS

● 난 너를 따라잡을 수가 없다고 할 때
I can't keep up with you.

● 그 전학생(new student)은 다른 친구들을 따라잡을 수가 없었다고 할 때
The new student couldn't keep up with the others.

A: I can't keep up with him.
B: Why is that?

A: 넌 그 사람을 따라 갈 수가 없어.
B: 뭐 때문에?

catch up with (일이나 부족한 것을) 따라잡다, 만나다

A: I have to leave right away for the meeting. 회의가 있어서 지금 당장 가봐야겠는데.
B: I'll catch up with you later. 나중에 다시 만나자.

A: I'm never going to catch up with Brian. 난 절대로 브라이언을 따라잡을 수 없을거야.
B: No, he's too far ahead of us. 맞아, 걘 우리보다 너무 많이 앞서 있어.

get dressed

옷을 입다

써니쌤의 핵심강의

put on, have on, try on하면 해결될 줄 알았던 「옷을 입다」라는 표현에 새롭게 등장한 다크호스 dress의 동사용법과 get의 쓰임에 살짝 감탄하면서 「옷을 입다」는 get dressed, 반대로 「옷을 벗다」는 get undressed임을 기억해둔다.

Point

Get dressed! 옷입어!
get undressed 옷을 벗다

SPEAK LIKE THIS

● 옷입어, 우리 저녁외식할거야라는 반가운 말을 할 때
Get dressed, we're going out to dinner.

● 걔는 침대에 들어가기(slip into bed) 전에 옷을 벗었다고 할 때
She got undressed before slipping into bed.

A: When can you be ready?

B: I need a few minutes to get dressed.

　A: 언제 준비 돼?
　B: 옷입는데 몇분이면 돼.

put on 옷을 입다(have on은 옷을 입은 상태를 말한다.)

A: You should put on a sweater. It's cold outside.
스웨터를 입는 게 좋을거야. 밖에 날씨가 쌀쌀해.

B: I thought it was colder than normal. 평소보다 더 춥다고 생각했었는데.

try on 옷이 맞는지 어울리는지 한번 입어보다

A: May I try on a pair of shoes? 신발 좀 신어봐도 될까요?

B: Sure. What size do you need? 물론이죠. 사이즈가 어떻게 되시는데요?

take back

반품하다, 취소하다

써니쌤의 핵심강의 _____

원래 있던 곳으로 다시 가져간다는 뜻으로 구매한 제품에 문제가 있어서 반품하거나 혹은 자신이
한 말이 잘못되었음을 인정하고 「취소하다」라는 뜻으로 쓰인다. 주로 take it back의 형태로 많이
사용된다.

Point

Take it back! 취소해!

SPEAK LIKE THIS
● 제품이 손상되었으면(be damaged) 반품받지 못할거야라고 할 때
They won't take it back if it's damaged.

● 이건 틀렸어(be wrong). 넌 취소해야 돼라고 하려면
This is wrong. You have to take it back.

A: Take it back!

B: No! What are you going to do?

　　A: 취소해!
　　B: 싫어, 어쩔거야?

call off 취소하다

A: Some people are absent today. 일부 사람들이 오늘 오지 않았어.
B: We should call off the meeting. 회의를 취소하자.

A: Look at the rain falling outside. 밖에 내리는 비 좀 봐.
B: We'd better call off our picnic. 우리 피크닉 취소해야겠다.

have drinks with

술을 마시다

써니샘의 핵심강의 ────────────────

drink를 명사로 이용하며 술을 마셔보자. have[get] a drink는 「한잔하다」, have[get] some drinks는 「술 좀 마시다」, have[get] another drink는 「한잔 더 마시다」 그리고 have[get] drinks with sb는 「…와 술을 마시다」가 된다.

Point

take a drink of …을 마시다
get[buy] sb a drink …에게 술을 사주다

SPEAK LIKE THIS

● 퇴근 후에(after work) 우리와 함께 술마시자라고 할 때
Have a drink with us after work.

● 바에 가서(head for the bar) 술 한잔 할거라고 말하려면
I'm going to head for the bar and get a drink.

A: How about we go get you a drink?
B: Ok, that's so nice.

A: 술 한잔 사줄까?
B: 좋지. 고마워.

go out for a drink 술마시러 나가다(go out drinking도 같은 의미)

A: Can we still go out for drinks together? 함께 나가서 술 할 수 있을까?
B: Anytime. Just call me. 언제든지. 전화만 해.

take sb for a drink …을 데리고 나가 술마시다(join sb for a drink는 만나서 술마시다)

A: Tom's taking us all out for drinks after work. 퇴근하고 탐이 우리 모두에게 술을 산대.
B: Tell me where you're going and I'll meet you there.
어디가는지 말해줘, 거기서 만나자.

get drunk

취하다

써니쌤의 핵심강의

정말이지 get은 빠지는 법이 없다. 「술에 취하다」는 drink의 과거분사를 사용하여 be[get] drunk 하면 된다. 이거보다는 약하게 「살짝 취기가 오르다」라고 하려면 get[be] tipsy라 하면 된다.

Point

> **get[be] tipsy** 취기가 오르다
> **Cheers!** 건배!
> **Bottoms up!** 원샷
> **Let's get drunk!** 자 취해보자!

SPEAK LIKE THIS
- 레이는 외출하면(be out) 항상 취한다고 할 때
  Ray always gets drunk when he's out.

- 엄마는 와인 두잔(two glasses of) 마신 후 좀 취했다고 할 때
  Mom got tipsy after two glasses of wine.

A: You seem a little drunk tonight.
B: It has been a while since I had beer.
  A: 너 오늘 밤 좀 취해보여.
  B: 맥주먹은지 한참 되었는데.

drink and drive 음주운전하다(drunk drive은 음주운전하다, drunk driving은 음주운전이다)

A: Why are those cops out? 왜 저 경찰들이 나와 있는거야?
B: They're looking for people who drink and drive. 음주운전 단속하고 있어.

DUI 음주운전(driving under the influence)

A: There's a DUI roadblock ahead. 앞에 음주운전 단속하고 있는데.
B: Well, we better turn around. 그럼, 우리 돌아서 가자.

take a job

일자리를 얻다, 취직하다

써니샘의 핵심강의 ──────

take[get] a job은 「일자리를 택하다」, 「취직하다」라는 의미. 하지만 take[get] the job이라고 하면 문맥에 따라 직장내 어떤 일을 맡다, 혹은 면접을 봤거나 제의가 들어 온 회사를 받아들이다, 즉 택하다라는 뜻으로 쓰일 수도 있다.

Point

get a job at~ …에 취직하다
apply for a job 지원하다
find a job 직장을 구하다
find a better job 더 좋은 직장을 찾다

SPEAK LIKE THIS
● 너 중국에서 직장을 다니기로 결정해서 기쁘냐(Are you happy~?)고 물어볼 때
Are you happy that you decided to take the job in China?

● 요즘에는(these days) 취직하는게 정말 어렵다고(tough) 말할 때
It's just so tough to get a job these days.

A: Are you going to get a job after you graduate?
B: No, I'm going to try starting up my own business.
　A: 졸업 후엔 취업할거니?
　B: 아니, 사업을 시작해볼까 해.

have[get] a job interview 취업면접을 보다
A: You seem to be worried about something. 너 뭐 걱정하는게 있는 것처럼 보여.
B: I have a job interview this afternoon. 오늘 오후에 면접이 있어.

get a promotion 승진하다(be[get] promoted도 같은 의미)
A: I got the promotion. 나 승진했어.
B: No kidding! 웃기지 매

lose one's job

실직하다

써니쌤의 핵심강의 —————————————

다니던 「직장을 잃다」 즉 「잘리다」라는 의미. get fired나 be dismissed와 같은 뜻. 반대로 스스로 「그만둔다」고 할 때는 quit이나 quit one's job이라고 하면 된다.

Point

get fired 해고되다
be dismissed 해고되다

SPEAK LIKE THIS
● 몇달 전에(a few months ago) 너 잘렸다며(I heard~)라고 할 때
I heard you got fired a few months ago.

● 우리가 시간에 맞춰 이 레포트를 끝내지(finish) 못하면 날 일자리를 잃을거야라고 할 때
If we don't finish this report on time, I'm going to lose my job.

A: Why doesn't Cara have any money?
B: She lost her job a few months ago.

A: 카라는 왜 돈이 없는거야?
B: 몇달 전에 직장을 잃었어.

quit one's job 회사를 그만두다

A: I'm going to quit my job. 회사를 그만둘거야.
B: Have you found a better place to work? 더 좋은 곳 찾은거야?

A: Why did you quit your job? 왜 직장을 그만뒀어?
B: I really hated my boss. 정말이지, 사장이 너무 싫었어.

keep one's fingers crossed
행운을 빌어주다

써니쌤의 핵심강의 _____

상대방에게 행운을 빌어준다는 것으로 2번째와 3번째 손가락을 이용해서 십자가를 만드는 형상에서 나온 표현이다. cross one's fingers라고 해도 된다.

Point

cross one's fingers 행운을 빌어주다
keep one's fingers crossed for[that~] …하는 것에 행운을 빌어주다
Let's keep our fingers crossed and~ …하도록 행운을 빌어보자
I'll keep my fingers crossed for you 네 행운을 빌어줄게

SPEAK LIKE THIS
- 우리가 성공하도록(succeed) 행운을 빌어달라고 할 때
  Keep your fingers crossed that we succeed.

- 난 행운을 바라며 소원을 빌었다(make a wish)고 할 때
  I crossed my fingers and made a wish.

A: I hope we can sell our house.
B: We'd better keep our fingers crossed.
  A: 우리 집이 팔리기를 바래.
  B: 행운을 빌어보자.

wish sb luck …에게 행운을 빌어주다
A: Are you ready for the driving test? 운전면허시험 준비됐니?
B: I guess so. Wish me luck. 어. 행운을 빌어줘.

make a wish 소원을 빌다(생일케익 촛불을 끄고 혹은 분수대에 동전을 던지면서 비는 소원)
A: I'm going to blow out my birthday candles. 생일케익 초를 불어 끌거야.
B: Don't forget to make a wish. 소원비는거 잊지마.

go through

경험하다, 살펴보다

써니쌤의 핵심강의

뭔가 관통하여(through) 지나가다라는 뜻으로 뭔가 「안좋은 경험을 하다」 혹은 「…을 살펴보다」라는 의미로 각각 쓰인다. go through with sth은 「불쾌한 일을 거치다」라는 의미.

Point

> **go through a hard time** 어려운 시기를 겪다
> **go through the photo album** 사진첩을 살펴보다

SPEAK LIKE THIS

● 이 파일들을 검토하는데 많은 시간이 걸릴거야라고 할 때
It will take a long time to go through the files.

● 걔는 남편이 죽었을 때 온갖 시련을 겪었다고 말할 때
She went through hell when her husband died.

A: We lost everything we owned in the fire.

B: I hope I never go through that.

   A: 화재로 우리가 갖고 있던거 모든 걸 잃었어.
   B: 나는 절대로 그런 것을 겪지 않기를 바래.

have (any) experience ~ing …한 경험이 있다, …한 적이 있다

A: Can you help with this computer? 이 컴퓨터 문제 좀 도와줄래?

B: Sure, I have experience fixing computers. 그래. 컴퓨터 고쳐본 적 있어.

A: Have you ever worked in a restaurant? 식당에서 일해본 적 있어?

B: I have experience serving customers. 손님들 접대해본 적이 있어.

make sth up (to sb)
보상하다

써니샘의 핵심강의 ──────

make up은 「화해하다」, 「화장하다」 등의 뜻이 있지만 여기서는 상대방에 끼친 「피해를 보상하다」 는 뜻으로 쓰이는 경우를 살펴본다. make+보상할 것+up to +보상받을 사람의 형태로 쓰면 된다.

Point

make it up to~ …에게 보상하다

SPEAK LIKE THIS
- 우리는 다음 주에 빠진 수업(missed class)을 보충할거라고 말할 때
  We'll make up for the missed class next week.

- 네 생일을 깜빡했지만(forget) 보상해주겠다고 다짐할 때
  I forgot your birthday, but I'll make it up to you.

A: He'll have to make up for the time he's been away.
B: He said he'll make it up this weekend.

　A: 그 사람은 자기가 비운 시간을 보충해야 할거야.
　B: 그 사람 얘기가 이번 주에 자기가 못한 시간만큼 일을 하겠대.

make up for …을 보상하다

A: Here is a present for you. 이거 너 선물이야.
B: It doesn't make up for your bad behavior. 네 못된 행동을 이게 보상해주진 못해.

A: You have skipped a lot of classes. 너 수업을 많이 빼먹었어.
B: I'm sorry, I'll make up for them. 죄송해요, 보충하도록 할게요.

remind A of B

A에게 B를 생각나게 하다

써니쌤의 핵심강의 ───────────

주어를 보니 A에게 B가 생각나다라는 표현. 전치사 of에 주의해야 한다. 비슷한 형태의 remind
A about은 「A에게 …을 기억나게 하다」, remind A to +V는 「A가 to~ 이하를 하도록 기억나게
하다」라는 의미이다.

Point

That reminds me of~ 그걸 보니 …가 생각나

SPEAK LIKE THIS

● 병원예약(doctor's~)한 거 내가 기억나게 해달라고 할 때
Remind me about the doctor's appointment.

● 너는 걔한테 걔가 한 약속을 기억나게 하라라고 말할 때
You can remind him of his promise.

A: You seem to like Ken.

B: He reminds me of my brother.

A: 넌 켄을 좋아하는 것 같아.
B: 걜보면 내 형이 생각나.

That reminds me 그리고 보니 생각나네

A: This is a picture of Toronto. 이거 토론토 사진이야.

B: That reminds me of my hometown. 그리고 보니 고향이 생각나네.

Let me remind you 알려줄게 있어

A: I want to go see a movie tonight. 오늘 밤에 영화보러 가고 싶어.

B: Let me remind you that you have a blind date. 알려줄게 있는데 너 소개팅있어.

get hurt

다치다

써니쌤의 핵심강의

동사 hurt의 과거분사형인 hurt와 수동태 시작인 be 자리를 위협하는 get이 결합한 get hurt는 「다치다」라는 뜻. hurt는 사람과 다친 부위 등에 따라 다양한 방법으로 쓰인다.

Point

A hurt+신체 …을 다치다, …때문에 아프다

신체+hurt …가 아프다

hurt like hell 엄청 아프다

SPEAK LIKE THIS

● 이렇게 해서(This is how~) 걔는 다리를 다쳤어라고 하려면
This is how she hurt her leg.

● 오늘 머리가 뽀개질 듯 아프고(have got a terrible headache) 등이 아프다고 할 때
I've got a terrible headache today and my back hurts.

A: **What I'd like to say is he hurt me.**

B: **Tell us why he did that to you.**

A: 내가 말하고 싶은 것은 걔가 날 아프게 했어.
B: 우리에게 걔가 왜 그랬는지 말해봐.

be injured 다치다, 부상입다

A: **It looked like you injured your leg.** 다리가 다친 것 같네요.

B: **I'm pretty sure I did. It hurts!** 정말 그랬어요. 아파요!

be wounded 부상당하다

A: **What happened to his arm?** 걔 팔이 왜 그래?

B: **He was wounded in the war.** 전쟁에서 부상당한거야.

stay out of

…에 관여하지 않다

써니쌤의 핵심강의

…로부터(out of) 벗어나 있다(stay)라는 말로 뭔가 안좋은 일이나 주어가 반대하는 일에 「개입하거나 끼지 말라」는 의미이다. 명령형의 형태로 많이 쓰인다.

Point

Stay out of this, Chris! 크리스, 관여하지말라고!
stay out of trouble 말썽에 휘말리지 않다
Stay out of my face! 꺼지라고!

SPEAK LIKE THIS

● 그 고가(old house)에 가까이 가지 말라고 할 때
Stay out of that old house.

● 내가 이거에 관여하지 말라고 했잖아(ask sb to)라고 할 때
I asked you to stay out of this.

A: What did the old man say?
B: He told us to stay out of his driveway.

A: 저 나이든 분이 뭐라고 했어?
B: 자기 집 차도에 가까이 오지 말라고 했어.

stay away from 관여하지 않다

A: Rachel is so beautiful. 레이첼은 정말 아름다워.
B: She's trouble. Stay away from her. 걔 골칫덩어리야. 가까이 하지마.

A: The jail is in another part of town. 교도소가 시내 다른 편에 있어.
B: Stay away from there, it's dangerous. 거기 가까이 가지마, 위험해.

get paid

돈을 받다, 월급을 받다

써니쌤의 핵심강의

pay의 수동태형인데 be 대신 get이 쓰인 경우. 상대방으로부터 돈을 지불받는 것을 말하는 것으로 get paid는 일반적으로 돈을 지급받다 혹은 회사로부터 「급여를 받다」라는 말로 무척 많이 쓰이는 표현이다.

Point

get paid for~ …에 대한 대가를 받다
get paid well 후한 대우를 받다

SPEAK LIKE THIS

● 비록 질은 많은 돈을 받지 못했지만 자기 일을 좋아했다(like one's job)고 할 때
Even though she did not **get paid** very much, Jill liked her job

● 우리는 일한 보수를 받을거지, 그지 않아(aren't we?)라고 물을 때
We are going to **get paid for** our work, aren't we?

A: If you ask me, we **aren't getting paid** enough.
B: That's true, but we don't have a choice.

    A: 내 의견을 말하자면, 우린 월급을 충분히 받지 못하고 있어.
    B: 맞는 말이지만 어쩔 도리가 없잖아.

get paid+돈+for sth …에 대가로 …을 받다

A: Were you hired to write the report? 보고서를 작성하라고 고용됐었어?
B: Yes, I was paid a hundred dollars for it. 어, 대가로 백달러를 받았어.

A: How much did you **get paid for** your work? 너 일한 대가로 얼마나 받았어?
B: It was about five hundred dollars. 한 5백달러 정도였어.

bring up

양육하다, 화제를 꺼내다

써니쌤의 핵심강의

어린 애를 키우는, 즉 「양육하다」(raise)라는 의미로 기본적으로 쓰이지만 이에 못지 않게 어떤 대화의 「화제를 꺼내다」라는 의미로 자주 쓰인다.

Point

I don't want to bring this up, 이 얘기를 꺼내기 싫지만.
Don't bring up what~ …한 이야기는 하지 말자…

SPEAK LIKE THIS

● 난 댈러스 시에서 자랐다고 말할 때
I was **brought up** in the city of Dallas.

● 존은 정치문제(subject of politics)를 꺼냈다고 할 때
John **brought up** the subject of politics.

A: I want to talk about a few things.
B: Please don't **bring up** anything upsetting.

  A: 몇가지 얘기하고 싶어.
  B: 속상한 얘기는 꺼내지마.

bring in 영입하다

A: We're having serious problems here. 우리 여기 심각한 문제가 있어.
B: We need to **bring in** someone to fix them. 바로 잡을 사람을 영입해야 돼.

A: Have they hired a new manager? 새로운 매니저를 뽑았어?
B: They want to **bring in** someone this week. 이번주에 누군가 데려오려 해.

come up with

...을 생각해내다

써니쌤의 핵심강의

좋은 생각이나 계획 혹은 아이디어를 「생각해내다」라는 의미. 꼭 긍정적인 의미로만 쓰이는 것은 아니어서 뭔가 빠져나갈 구실이나 변명을 생각해내다라고 할 때도 써도 된다.

Point

> **come up with some great ideas** 좀 멋진 생각을 해내다
> **come up with a good plan** 좋은 생각을 해내다

SPEAK LIKE THIS

● 우리는 아주 좋은 계획(good plan)을 곧 생각해내야 된다고 할 때
We'd better come up with a good plan soon!

● 너는 사장에게 말할 좋은 구실(good story)을 생각해낼 수 있겠냐고 물을 때
Do you think you can come up with a good story to tell the boss?

A: I've tried and tried, but I can't come up with a solution.

B: Maybe you need to take a break and do something else.

A: 계속 해봤는데, 답이 안 나와.
B: 너, 잠깐 쉬면서 그거 말구 다른 일을 해보는 게 좋을 것 같다.

have got an idea 좋은 생각이 있다

A: How will we make some extra money? 추가로 돈을 어떻게 마련하지?
B: I've got a good idea how to do it. 그렇게 할 좋은 생각이 있어.

A: Fred is acting very depressed. 프레드가 매우 우울하게 행동해.
B: I have got an idea how to cheer him up. 걔를 기운나게 하는 좋은 생각이 있어.

get through

마치다, 힘든 시기를 넘기다

써니샘의 핵심강의 _____

여기서 get through는 「힘든 시기를 무사히 이겨내다」(pass successfully), 「일을 끝마치다」(finish)는 의미이다. 통신기술이 고도로 발달한 실생활에서는 「통화하다」, 「연결되다」(reach someone by telephone)는 의미로도 활용해 볼 수 있다.

Point

Don't worry. We'll get through this 걱정마. 우린 해낼거야
I'll never get through this 난 절대 못해낼거야
get through the night 밤을 무사히 보내다

SPEAK LIKE THIS

● 이 보고서(this report) 끝마치고 나면 바로 네게 답을 줄게는
　As soon as I get through this report, I'll give you my answer.

● 우리는 모든 중요한 일들(all the important stuff)을 처리해야 돼라고 하려면
　We have to get through all the important stuff.

A: I'm not sure we can get through this difficult time.
B: Don't worry. Things always turn out for the best.
　A: 우리가 이 어려운 시기를 헤쳐나갈 수 있을지 모르겠어.
　B: 걱정마. 언제나 결과는 좋잖아.

get over 이겨내다, 극복하다

A: My wife's a little shaken up. 내 아내가 좀 충격을 받았어.
B: Don't worry, she'll get over it in a few weeks. 걱정마, 몇 주 후면 괜찮아질거야.

A: I miss my ex-girlfriend so much. 옛 여친이 너무 보고 싶어.
B: You'll have to get over your feelings for her. 걔에 대한 감정을 극복해야 될거야.

as for

…에 관해 말하자면

씨니쌤의 핵심강의

자신이 바로 전에 언급한 것과 관련된 내용을 말하고자 할 때 서두에 꺼내는 말. as for 다음에는 말하고자 하는 사람이나 사물을 붙여 쓰면 된다.

Point

as for me 나로서는
as for rules 규칙에 관해서는

SPEAK LIKE THIS

- 이 일(this work)에 대한 말하자면, 끝낸 것 같아라고 할 때
  As for this work, I think it's finished.

- 랜디 얘기라면 내일 걔한테 연락을 해야(get in touch with) 된다고 말할 때
  As for Randy, we'll have to get in touch with him tomorrow.

A: I plan to attend the Smith's wedding.
B: As for me, I plan to stay home.

A: 스미스의 결혼식에 갈 생각이야.
B: 난, 집에 있을래.

when it comes to …에 관한 한, …에 있어서

A: When it comes to love, I would ask Chris. 사랑에 관한 문제라면 크리스에게 물어볼거야.
B: Do you know where he is right now? 지금 걔 어디 있는지 알아?

Speaking of sth …에 대해 말하자면

A: That bakery makes delicious food. 저 빵집의 빵은 맛이 좋아.
B: Speaking of food, I'm hungry. 먹는 거 얘기하니, 나 배고프다.

including

…을 포함하여

써니쌤의 핵심강의 _____

동사의 ~ing형이 마치 전치사처럼 사용되는 경우 중 하나이다. including은 「…을 포함하여」, concerning은 「…에 대하여」 그리고 regarding 역시 「…에 관하여」라는 의미로 쓰인다.

Point

including tax 세금을 포함하여
including me 나를 포함하여

SPEAK LIKE THIS

● 여기 날씨(weather)는 여름까지도 춥다고 할 때
Weather here is cold, including in the summer.

● 미셸까지 포함해서 7명이 올거야라고 할 때
Seven people are coming, including Michelle.

A: How much do I owe you?
B: Your bill is for $125, including tax.
   A: 얼마죠?
   B: 세금까지 해서 125달러예요.

---

concerning …에 관하여

A: Why do you need to talk to me? 넌 왜 나하고 얘기해야 되는거야?
B: I have questions concerning your trip from Korea to Berlin.
한국에서 베를린까지의 네 여행에 대해 몇가지 물어볼게 있어.

regarding …에 대하여

A: Could we speak, regarding my job? 내 일에 대해서 말할 수 있을까요?
B: Sure, what would you like to know? 그럼요, 뭘 알고 싶은데요?

take part in

참여하다, 참가하다

써니쌤의 핵심강의 _____

take part in = participate in으로 잘 알려진 표현으로 다른 사람들과 어떤 행동이나 이벤트에 같이 동참하는 것을 말한다. 참고 play a huge part in하게 되면 「…큰 역할을 하다」라는 의미가 된다.

Point

take part in+N[~ing] …에 개입하다. 참여하다

play a huge part in 큰 역할을 하다

SPEAK LIKE THIS
- 난 그 기념식(ceremony)에 참석하지 않을거라고 할 때
  I won't take part in the ceremony.

- 모두 다(everyone) 반드시 그 축제에 참가해야 한다고 말할 때
  Everyone must take part in the festival.

A: Why don't you go to church?
B: I don't want to take part in church services.
   A: 교회에 가자.
   B: 난 예배에 참석하고 싶지 않아.

join in 사람들이 이미 하고 있는 일에 같이 하다

A: Katie is very shy. 케이티는 매우 수줍어 해.
B: I'll ask her to join in with our games. 난 걔보고 우리 게임하는데 같이 하자고 할거야.

engage in 관여하다, 참여하다

A: I heard Cheryl was fired. 쉐릴이 잘렸다며.
B: She engaged in bad behavior. 나쁜 일에 가담했어.

be on one's way

가는 중이다

써니쌤의 핵심강의 ─────────────────────

「…가 가고 있는 중(on)이다」라는 의미로 one's 대신에 the를 쓰기도 한다. 또한 어디로 가는 지를 말하려면 ~way to+장소명사로 사용한다. 다만 집으로 가는 중이라면 be on my way home 처럼 사용한다는 점을 알아둔다. 한편 상대방과 대화시 가는 장소가 서로 언급된 이후라면 I'm on my way라고 많이 하는데 이는 "지금 가는 중이야"라는 표현이 된다.

Point

be on my way home 집에 가고 있는 중이다
be on my way 지금 가는 중이다
on the way 도중에
on the way here 여기 오는 도중에

SPEAK LIKE THIS

- 난 호텔로 가는 도중에 택시에 여권을 놓고(leave~ in the taxi) 내렸어는
I left my passport in the taxi **on the way to** the hotel.

- 너 병원에 가는 길에 나 좀 태워달래(pick sb up)고 할 때
Pick me up **on your way to** the doctor's office.

A: We are almost finished now.
B: Great, it's time for me to be on my way.

     A: 우리는 이제 거의 끝냈어.
     B: 좋아, 이제 집에 가야 할 시간이구만.

───

be on one's way home from work 퇴근 중이다

A: Where is your wife tonight? 오늘 밤에 네 아내는 어디 있는거야?
B: She's on her way home from work. 지금 퇴근해서 집으로 오는 중이야.

be on one's way to work 출근 중이다

A: When can I give you a call? 언제 내가 전화할까?
B: Call me when I'm on my way to work. 내가 출근할 때 전화해.

as far as I know
내가 아는 바로는

써니쌤의 핵심강의 ─────────────

원가 확실히 기억이 나지 않아 정확히 알고 있지는 못한 상태에서 그래도 자기가 맞다고 생각되는 부분을 말할 때 사용하는 조심스런 표현으로 나중에 화근을 조금이라고 줄일 때 요긴한 표현이다.

Point

as far as I can remember 내가 기억할 수 있는 한
as far as I can tell 내가 알기로는

SPEAK LIKE THIS

● 내가 아는 바로는, 그게 효과가 있다고 할 때
As far as I know, it works.

● 내가 아는 한, 걔는 나라를 떠났다(leave the country)고 할 때
As far as I know, she left the country.

A: As far as I know they sent it yesterday.
B: Then it should arrive later today.

A: 내가 아는 바로는 그 사람들이 어제 그걸 보냈다던데.
B: 그럼 오늘 늦게는 도착하겠군요.

as far as I am concerned 내가 보는 한, 내 생각에

A: My son got sick and I had to take him to the doctor. 아들이 아파 의사에게 가야 했어요.
B: Well, as far as the company is concerned, that's no excuse.
글쎄요, 회사 입장에서는 그건 이유가 안됩니다.

according to …에 따르면

A: Can I trust what Joe says? 조가 말하는 것을 믿어도 돼?
B: According to his brother, he's a liar. 걔 형말에 의하면, 걔 거짓말쟁이래.

1

A: Why don't you get a life!

B: Hey, I'm going to _____ asking him until he says yes.

A: Take the hint, he doesn't want to go out with you.

B: I got a feeling that things will work out.

A: 정신 좀 차리지 그래!

B: 이봐. 난 걔가 승낙할 때까지 계속 데이트하자고 할거야.

A: 눈치도 없냐. 걔는 너랑 데이트 하고 싶지 않은거야.

B: 잘 될 것 같은 감이 왔단 말이 야.

2

A: Thanks for everything!

B: You're welcome. Now, make _____ you have a good time in London.

A: I will, mom. Take _____ of yourself while I'm gone.

B: Okay…bye.

A: 여러모로 고마워!

B: 천만에. 런던에서 좋은 시간을 보내도록 해라.

A: 그럴게요, 엄마. 나 없는 동안 몸조심해.

B: 그래. 잘 다녀와라.

3

A: Nothing in this shop attracts me.

B: Perhaps our new store has something to offer you.

A: How do I _____ there from here?

B: Just go three blocks west, and it's right on the corner.

A: 이 가게엔 마음에 드는 게 없 네요.

B: 아마도 저희 새 매장에는 손님 께서 사고 싶으신 게 있을 겁 니다.

A: 거기 어떻게 가죠?

B: 서쪽으로 세 블록 가시면 모퉁 이에 바로 있습니다.

4

A: I would like to take tomorrow _____.

B: Just leave your cell phone on in _____ we need to get in touch.

A: I'll charge it up and leave it on.

B: Enjoy your day off.

A: 내일 쉬고 싶은데.

B: 연락할 일이 있을지 모르니까 핸드폰은 켜놓고 있어.

A: 충전해서 켜놓고 있을게.

B: 그럼 잘 쉬어.

5 A: When are you going in for surgery?

B: I'm not sure. I've got to schedule an _____ with the surgeon.

A: Well, make sure you let me know when you _____ a date.

B: Don't worry, I will. Thanks a lot for your concern.

A: 언제 수술할거니?
B: 잘 모르겠어. 외과의하고 약속 시간을 정해야 해.
A: 그럼, 날짜 잡히면 내게 꼭 알려줘야 돼.
B: 걱정마. 그럴께. 걱정해줘서 정말 고마워.

6 A: How would you like to pay for this?

B: With my credit card, if it's all right.

A: Yes, that'll be fine.

B: OK, I'll _____ my Visa card then.

A: 어떻게 계산하시겠습니까?
B: 괜찮다면 신용카드로 낼게요.
A: 네, 괜찮습니다.
B: 좋아요. 그럼 비자카드로 내죠.

7 A: Come in and make yourself at home.

B: Thank you.

A: Can I _____ you a drink?

B: No, thank you.

A: 들어와서 편히 쉬세요.
B: 고마워요.
A: 마실 것 좀 드릴까요?
B: 아뇨, 됐어요.

8 A: I would rather _____ the job with the bigger company.

B: Will they pay you more?

A: No, but I'll get good experience.

B: You're right, and that's important.

A: 좀 더 큰 회사에 취직하는 편이 좋겠어.
B: 급여를 더 많이 줄까?
A: 아니, 하지만 좋은 경험을 쌓을 수 있을거야.
B: 그래 맞아, 바로 그게 중요한거지.

Answers

1. keep (asking) 계속 요청하다   2. (make) sure …을 확실히 하다, (take) care (of) 돌보다, 처리하다

3. get (there) 도착하다   4. (take tomorrow) off 내일 쉬다, (in) case 만약 …의 경우에

5. (schedule an) appointment 예약을 잡다 set (a date) 날을 잡다   6. use (one's Visa card) 비자카드를 사용하다   7. get (sb a drink) 마실 것을 …에게 주다   8. take (the job) 일자리를 갖다, 취직하다

네이티브나 쓰는 걸로
겁먹었던 표현들

I guess we'll have to star over again.

Chapter

7

2ЧЧ-276

Would you like to
go out to lunch
with me?

I'm not sure
about the weather
tomorrow.

I don't know when he will come back.

hang out

시간을 보내다, 어울리다

써니샘의 핵심강의 _____

우리말에 사람들과 어울려 「놀며 시간을 보내다」라는 의미에 가장 근접한 영어표현. 구어적인 표현
으로 노는 사람은 hang out with sb라 하면 된다. 비슷한 표현으로는 hang around도 있다.

Point

Who do you hang out with? 누구랑 어울려 놀아?
hang out together 함께 어울리다

SPEAK LIKE THIS
- 여기 남아서(stay here) 우리와 놀자고 할 때
  Why don't you stay here and just hang out with us?

- 커플이나 친구들이 어울려 놀기에 좋은 장소(be a good place for)라고 얘기할 때
  It is a good place for couples or friends to hang out.

A: We have to wait 30 minutes.
B: Okay. Let's hang out in the lobby.

　　A: 우리는 30분 기다려야 돼.
　　B: 좋아. 로비에서 기다리자.

hang around (with) (…와) 어울리다

A: You shouldn't hang around people like that. 넌 그런 사람들하고 어울리면 안돼.
B: Why don't you just mind your own business? 상관하지 마셔.

A: Do you know my friend Valerie? 내 친구 발레리 알아?
B: Sure, I hang around with her sometimes. 그럼. 가끔 걔랑 어울리는데.

keep A from B

…가 …하는 것을 못하게 하다

써니쌤의 핵심강의

표현자체가 그렇게 어려워 보이지는 않지만 실제 사용하려면 막막한 표현. A자리에는 사람이나 사물이 올 수 있으며 B의 자리에는 명사나 혹은 동사의 명사형인 ~ing가 오게 된다. 한 단어로 말하자면 prevent.

Point

keep sth from sb …을 …에게서 비밀로 하다
keep (A) away from sb …을 …에서 멀리하게 하다

SPEAK LIKE THIS

- 가스(the gas)는 불옆에 두지 마라고 할 때
  Keep the gas away from the fire.

- 아이들이 쿠키에 손대지 못하게 하라고 할 때
  Keep the kids away from the cookies.

A: Mom is trying to lose weight.

B: Let's keep her away from snacks.

A: 엄마는 살을 빼려고 하고 있어.
B: 과자를 먹지 못하게 하자.

keep from ~ing …을 그만두다

A: It's not easy to keep from smoking. 담배를 끊는 것은 쉬운 일이 아냐.
B: Yeah, but it's good for your health. 그래, 하지만 네 건강에는 좋아.

stop A from ~ing …가 …하지 못하게 하다

A: My ex-boyfriend calls me all the time. 내 전 남친이 계속 전화해대.
B: You need to stop him from calling you. 네게 전화하지 못하게 해야겠다.

sign up for

...에 등록하다

써니쌤의 핵심강의 _____

sign up은 「신청하다」「등록하다」라는 의미로 주로 어떤 강좌나 강의 등에 신청하여 등록한다고
할 때 사용되며 강좌내용은 for+강좌(명)으로 덧붙여주면 된다. 한 단어로 하면 register나 enroll
이라고 하면 된다.

Point

sign up for the course 강좌에 등록하다

SPEAK LIKE THIS
- 여기서 클럽에 회원가입을 할 수 있다고 말할 때
  You can sign up for the club here.

- 크리스는 군에 입대했다고 할 때
  Chris signed up for the military.

A: Do you have plans for this summer?
B: I'm going to sign up for some English classes.
   A: 이번 여름에 무슨 계획있어?
   B: 영어강좌에 등록할려고.

put in for ···에 신청[응모]하다
   A: I feel so tired every day. 난 매일매일 정말 피곤해.
   B: You should put in for some vacation time. 휴가를 신청해봐.

apply for 지원하다(application 신청서, applicant 신청자)
   A: Where can I apply for a job? 어디서 입사지원을 하나요?
   B: Go to that office over there. 저쪽 사무실로 가세요.

pay in cash

현금으로 내다

써니샘의 핵심강의 _____

신용카드의 시대에 현금을 낼 일이 거의 없지만 「현금으로 내다」라고 할 때는 pay in cash, 반대로 「카드로 결제할」 때는 pay by credit이라고 한다.

Point

pay by credit card 신용카드로 결제하다
pay for sth with a credit card …을 카드로 결제하다
pay by check or credit card 수표나 카드로 결제하다
use one's credit card 카드로 결제하다

SPEAK LIKE THIS

● 이거 현금으로 하실거예요 아니면 수표로(by check) 하실거냐고 물어볼 때
Will you pay for this in cash or by check?

● 그거 신용카드로 결제할게요(Let me~)라고 할 때
Let me pay for it with my credit card.

A: You'll get a discount if you pay in cash.
B: I didn't bring any cash.

    A: 현금으로 지불하시면 할인받으실 수 있습니다.
    B: 현금은 하나도 안 가져 왔는 걸요.

---

charge it to one's credit card …을 카드로 결제하다

A: I don't have enough money. 돈이 충분하지 않아.
B: Let's charge it to my credit card. 내 카드로 결제하자.

Charge it, please 카드로 할게요(Cash or charge?는 현금으로 하실래요 아니면 카드로 하실래요?)

A: I'd like to buy this coat. 이 코트를 사고 살래요.
B: Will that be cash or charge? 현금요, 아니면 카드로 하실래요?

let (sb) down

...을 실망시키다

써니샘의 핵심강의

사람들이 기대하고 예상했던 것을 하지 않음으로써 사람들을 실망시키는 것을 말한다. 익숙한 한 단어로 하면 disappoint라 할 수 있다.

Point

Don't let me down 날 실망시키지마
I won't let you down again 다시는 널 실망시키지 않을게

SPEAK LIKE THIS

● 걔는 우리를 실망시켜서 미안해(sorry)했다라고 말할 때
She was sorry she let us down.

● 너 때문에 실망했어. 난 널 믿을(trust) 수 있다고 생각했다고 말할 때.
You let me down. I thought I could trust you.

A: Don't let me down.

B: Don't worry. I'll get it done for you.

A: 실망시키지 마
B: 걱정마. 널 위해서 해낼테니까.

be disappointed 실망하다

A: Did you enjoy the food? 식사 맛나게 했어?
B: No, we were disappointed. 아니, 실망했어.

A: I am disappointed with this movie. 이 영화 정말 실망스럽네.
B: Yeah, the ending really sucked. 그래, 끝이 정말이지 엉망였어.

make it to~

성공하다, ···에 도착하다

써니쌤의 핵심강의 _____

make it 단독으로 뭔가 목적하던 것을 「성취하다」 「목표를 달성하다」 즉 「성공하다」라는 의미이고
또 하나 꼭 알아두어야 하는 뜻으로는 make it (to+장소) 형태로 장소나 행사장에 「간신히 오다」
「늦지 않게 도착하다」라는 뜻으로 무척 많이 쓰이는 표현이다.

Point

make it to my party 내 파티에 오다
I made it! 내가 해냈어!

SPEAK LIKE THIS

● 넌 배우(actor)로서 성공하지 못할 수도 있다고 말할 때
You may not make it as an actor.

● 내 생각에(I think~) 우리는 회의에 맞춰 갈 수 있을 것 같다고 할 때
I think we'll make it to the meeting.

A: We won't make it to the wedding.
B: I'm sorry to hear that.

A: 우리는 결혼식장에 못갈거야.
B: 섭섭하네요.

---

make it as+(actor, doctor) ···로 성공하다

A: My school grades are terrible. 내 학교 성적이 끔직해.
B: I don't think you'll make it as student. 학생으로서는 제대로 못하겠구나.

can[be able to] make it (to) ···에 도착할 수 있다

A: The festival is being held Saturday. 페스티발이 토요일날에 열려.
B: We can make it to that event. 거기에 갈 수 있겠다.

walk sb home

…의 집까지 같이 걸어가다

써니샘의 핵심강의

walk를 명사로만 알고 있으면 의아해할 수도 있는 표현. walk sb+(장소)하게 되면 「…까지 sb와 같이 걸어가다」 혹은 문맥에 따라 「배웅하다」 「데려다주다」라는 뜻으로 많이 쓰인다. 길을 잃지 않도록 혹은 안전을 위해서. 물론 walk+동물이면 「…을 산책시키다」가 된다.

Point

walk sb to sb's car 차까지 같이 걸어가다
walk sb to the station 역까지 같이 걸어가다
walk the dog 개를 산책시키다

SPEAK LIKE THIS

● 허먼이 너를 역까지(to the station) 같이 걸어가줘야라고 할 때
Herman will walk you to the station.

● 공원에서(in the park) 개를 산책시킬 때야라고 하려면
It's time to walk the dog in the park.

A: You don't have to walk me home.
B: I know, but I want to.

A: 집에 까지 같이 걸어갈 필요없어.
B: 알아, 하지만 그러고 싶어.

walk sb~ 같이 걸어가다

A: Where did you go? 너 어디간거야?
B: I walked my girlfriend to the taxi stand. 여친 택시타는데까지 같이 걸어갔어.

A: Can you let me know where the subway is? 지하철이 어디 있는지 알려줄래?
B: Well, I will walk you to the subway. 어, 내가 지하철까지 같이 걸어가줄게.

take one's chance
운에 맡기고 해보다

써니쌤의 핵심강의 _____

take one's chance, take chances, 그리고 take a[the] chance하게 되면 될지 안될지 모르겠지만 그래서 「위험(risk)이 있지만 한번 해보는」 것을 말한다. 단, 문맥에 따라, take the chance하면 「기회를 잡다」라는 뜻으로도 쓰인다.

Point

take the chances of~ …하는 위험을 무릅쓰다

SPEAK LIKE THIS
- 넌 운에 맡기고 시도했고 실패했다(fail)고 말할 때
  You took your chance and failed.

- 한번 운에 맡기고 로또를 사보라고 할 때
  Take a chance and buy a lottery ticket.

A: I'm lost! Should I turn left or right?

B: I don't know either. Let's just take our chances and go right.

  A: 길을 잃었어! 좌회전이냐 아니면 우회전해야 돼?
  B: 나도 몰라. 운에 맡기고 오른쪽으로 가자.

take a risk 위험을 무릅쓰다

A: What does your fortune cookie say? 포천 쿠키에 뭐라고 써 있어?

B: It says that I should take risks today. 오늘 모험을 해보라는군.

have[get] a chance 기회가 있다(give sb a chance는 …에게 기회를 주다)

A: Don't you regret anything about your past? 넌 지난 과거가 후회되지 않니?

B: No. If I had the chance, I'd do it all over again.
  아니. 기회가 온다면 또 다시 그렇게 할거야.

put together
모으다, 준비하다, 종합·편집하다

써니샘의 핵심강의

「함께 모으다」 부분을 한데 모아 조립하다라는 뜻에서 발전하여 뭔가 「준비하다」 「작성하다」 「정리하다」 등의 의미를 갖는다. 좀 어려운 표현에 속한다.

Point

put together a proposal 제안서를 준비하다
put together the photo album 사진앨범을 정리하다
put together a party 파티를 준비하다

SPEAK LIKE THIS

- 퍼즐을 맞추는데 한 시간이 걸렸다(it takes an hour)고 할 때
It took an hour to put together the puzzle.

- 우리가 야구팀을 구성해야 될까라고 물어볼 때
Should we put together a baseball team?

A: We'll have to put together a proposal by the end of the week.

B: I think that we can do that.

A: 우린 이번 주까지 제안서를 짜야만 할거야.
B: 난 우리가 할 수 있다는 생각이 들어.

organize a party 파티를 준비하다

A: Sad to say, but Rick is retiring. 안된 이야기이지만, 릭이 은퇴해.
B: We should organize a retirement party for him. 은퇴기념파티를 준비해야 되겠다.

A: We need to arrange a meeting between the managers.
우리는 매니저들간 미팅 일정을 잡아야 돼.
B: Okay, how about Monday afternoon? 그래, 월요일 오후가 어때?

cut down on

줄이다

써니쌤의 핵심강의

주량이나 담배 혹은 경비 등을 예전보다 줄인다고 할 때 쓰는 전형적인 표현으로 줄이는 대상은 on 다음에 이어주면 된다. 한 단어로 하면 reduce.

Point

cut down on sugar 설탕섭취를 줄이다

SPEAK LIKE THIS

● 넌 돈쓰는 것(spending) 좀 줄여야 된다고 충고할 때
You have to cut down on spending.

● 네가 먹는 패스트푸드 좀 줄이도록 해보라고 할 때
Try to cut down on the fast food you eat.

A: You should really cut down on the number of cigarettes you smoke.

B: I'm trying to, but it's really hard.

A: 네가 피는 담배 갯수 좀 정말 줄여야겠어.
B: 노력중인데 정말 어려워.

---

cut back on …을 줄이다

A: Money has been tight. 자금이 빡빡해.
B: We have to cut down on our purchases. 사는 물건들을 줄여야 돼.

A: I never have enough cash. 나는 돈이 남아도는 적이 없어.
B: Cut back on the money you spend on beer. 맥주에 쓰는 돈 좀 줄여라.

do yoga

요가를 하다

써니쌤의 핵심강의

요가나 조깅 등을 하다라고 할 때 너무 어렵게 생각할 필요가 없다. 좀 낯설게 느껴질 수도 있지만 동사 do나 practice를 쓰면 된다. 조깅 같은 경우는 jog를 동사로 써서 가볍게 처리한다.

Point

practice yoga 요가를 하다
do stretches 스트레칭을 하다

SPEAK LIKE THIS

● 걔는 체육관(at the gym)에서 요가를 하고 있다고 할 때
She's doing yoga at the gym.

● 우리는 운동이 시작되기 전에 스트레칭을 했다라고 할 때
We **did stretches** before the exercise began.

A: You look really good.
B: I've been practicing tai chi.

A: 너 정말 좋아 보인다.
B: 태극권을 하고 있어.

---

join a health club 헬스클럽에 가입하다
A: I've gained a lot of weight recently. 최근에 살이 많이 쪘어.
B: It's time to join a health club. 헬스클럽에 다녀야겠네.

lift weight 역기를 들다
A: My muscles are really sore. 내 근육이 정말 쑤셔.
B: Have you been lifting weights? 역기를 들었어?

if you ask me

내 생각으로는

써니쌤의 핵심강의 _____

글자 그대로 옮겨보면 "네가 나한테 물어본다면"이라는 것으로 자신의 생각을 조심스럽게 말하기
앞서 먼저 던지는 표현. In my opinion과 같은 의미.

Point

in one's opinion …의 생각에는

SPEAK LIKE THIS
- 내 생각에, 걔는 거짓말하고 있는 것 같다(seem to)고 할 때
  If you ask me, he seems to be lying.

- 내 생각에 제시카는 그 승진(promotion) 자격이 없었다라고 할 때
  If you ask me, Jessica didn't deserve that promotion.

A: I'm not sure what to do about the offer.

B: **If you ask me,** I'd say take it right away!

    A: 그 제안에 대해 어떻게 해야 될 지 모르겠어.
    B: 내 생각에는, 당장 받아들이라고 하겠어!

in my opinion 내 생각에

A: Do you like this car? 이 차 맘에 들어?

B: **In my opinion,** you shouldn't buy it. 내 생각에, 사지 않는게 낫겠어.

come to think of it 생각해보니

A: Do you know what time we're supposed to leave?

우리가 몇 시에 떠나기로 되어있는지 아니?

B: **Come to think of it** I don't. 생각해보니 모르겠는데.

pull over

차를 길가로 붙이다

써니쌤의 핵심강의

pull over는 길가에 사람을 내려주기 위해 혹은 경찰 단속에 걸려 길가에 차를 붙이는 것을 말한다. 반면 pull up은 신호등에 걸려서처럼 차를 세우는 것을 말한다.

Point

Pull over right here 여기에 내려줘요

SPEAK LIKE THIS
- 길가로(curb)로 차를 세우라고 말할 때
  Pull over to the curb.

- 차를 대고 살펴보자(look around)고 할 때
  Let's pull over and look around.

A: Holy cow! The car is on fire.
B: Hurry up and pull over.

  A: 이런! 차에 불이 붙었어.
  B: 빨리 차를 길 한 쪽에 세워.

pull up 차를 세우다

A: Where can we park? 어디에 주차하지?
B: Just pull up in the driveway. 차도에 그냥 세워 놔.

A: Are you coming over soon? 너 곧 들를거야?
B: Yes, I'll pull up in front of your apartment. 어, 네 아파트 앞에 차를 댈게.

put sb through to
전화를 …에게 바꿔주다

써니쌤의 핵심강의 _____

전화를 to+사람[부서]로 「돌려주다」, 「바꿔주다」라는 표현. "내가 전화를 걸어서 …을 바꿔달라"고
할 때는 Could you put me through to~?. "내가 전화를 받아서 찾는 사람을 바꿔준다"고 할
때는 I'll put you through to~. 그리고 비서가 전화왔다고 할 때 "연결시켜줘" 할 때 Put me
through라고 하면 된다.

Point

Could you put me through to~? …을 바꿔주세요
I'll put you through to~ …을 바꿔줄게요
Put me through (전화) 연결해줘

SPEAK LIKE THIS

● 전화로, 여보세요. 영업부(Sales Department) 좀 바꿔줄래요라고 할 때
Hello. Would you put me through to the sales department,
please?

● 그레이스 부인 좀 바꿔주세요라고 할 때
Put him through to Mrs. Grace.

A: Would you like me to put you through to the manager?
B: Sure. Thank you.
   A: 매니저 바꿔드릴까요?
   B: 네, 감사해요.

put sb on (전화) …을 바꿔주다

A: Is your mom available? 엄마 통화 가능하셔?
B: Sure, I'll put her on. 어, 바꿔줄게.

A: Could you put your dad on the phone? 네 아빠 좀 바꿔줄래?
B: Wait a minute and I'll get him. 잠시만요, 바꿔드릴게요.

split up

헤어지다, 결별하다

써니샘의 핵심강의 _____

완전히 흩어지다라는 뜻으로 주로 남녀관계에서 「헤어지다」, 「이혼하다」, 「결별하다」라는 의미로 쓰이는 표현으로 한 단어로 하자면 separate.

Point

How about we split up? 우리 헤어지는게 어때?
split up with sb …와 헤어지다

SPEAK LIKE THIS

● 난 걔네들이 헤어질거라 알고 있었다(I knew~)고 말할 때
I knew they were going to split up.

● 멜라니는 지난주에 존과 헤어졌다고 전할 때
Melanie split up with John last week.

A: Fran and Bob are always fighting.
B: I'm thinking that they should split up.

    A: 프랜과 밥은 늘상 싸워.
    B: 난 걔네들이 헤어져야 한다고 생각해.

---

break up (with) (…와) 헤어지다

A: I heard you had some trouble with your girlfriend. 너 여친하고 문제가 좀 있다며.
B: I had to break up with her. We were fighting a lot.
    난 걔와 헤어져야 했어. 우린 많이 싸웠거든.

A: What broke up Mary and Greg? 메리와 그렉이 뭐때문에 헤어졌어?
B: I think she was cheating on him. 메리가 바람을 폈던 것 같아.

set up

시작(준비)하다, 설치하다, (일정) 정하다

써니샘의 핵심강의

거의 우리말화된 표현이지만 실상 영어표현으로 사용하기에는 버거운 표현 중의 하나. 컴퓨터 셋업 등으로 잘 알려진 이 표현은 뭔가 「시작하다」, 「준비하다」, 「갖추다」라는 의미로 쓰이는 표현이다.

Point

set up an interview 면접일정을 잡다
set up an appointment 예약을 잡다

SPEAK LIKE THIS

● 다음 주로 예약을 잡고 싶은데요(I'd like to~)라고 할 때
I'd like to set up an appointment for next week.

● 난 우리가 도착할(get there) 때까지(by the time) 모든 게 준비되기를 바래라고 말할 때
I hope that everything is all set up by the time we get there.

A: How long will it take you to set up?
B: It should only take a few hours.

A: 설치하는 데 얼마나 걸리나요?
B: 몇 시간 밖에 안걸릴거예요.

set a date (약속 등의) 날짜를 잡다

A: Chris and Blake are getting married. 크리스와 블레이크가 결혼해.
B: Did they set a date for their wedding? 결혼날짜는 잡았대?

A: Have you set a date for the party? 파티 언제할지 날짜 정했어?
B: We're going to have it two weeks from today. 오늘부터해서 2주 후에 파티를 열거야.

put sth behind (sb)
(나쁜 기억 등을) 잊어버리다

써니쌤의 핵심강의 _____

단어 그대로 직역하면 답이 나온다. sth를 you 뒤에 놓다라는 말로 주로 「나쁜 기억이나 상황 등을 잊어버리다」라는 뜻이 된다. put it behind you[me]의 형태를 눈여겨 두어야 한다.

Point

put it all behind one 그 모든 것을 잊다

SPEAK LIKE THIS
- 안 좋았던 때(bad times)는 잊어버리라고 할 때
  You can **put** the bad times **behind** you.

- 난 이혼은 잊어버리고 싶다고 할 때
  I'd like to **put** my divorce **behind** me.

A: It was a terrible accident.

B: I hope they can **put** it **behind** them.
  A: 그건 끔찍한 사고였어.
  B: 걔네들이 빨리 잊기를 바래.

---

let it go 잊어버리다

A: Angie made me so mad today. 앤지는 오늘 날 엄청 화나게 했어.

B: Relax and let it go. 진정하고 잊어버려.

A: I'll never forgive my sister for what she did.
  난 내 누이가 한 행동을 절대로 용서하지 않을거야.

B: Let it go, don't stay angry. 잊어버려, 화풀고.

make sense

이해되다, 말이 되다

써니쌤의 핵심강의 _____

이 표현의 특징은 주어는 항상 사물이 되어야 하며, 주어가 「말이 되다」, 「이치에 닿다」라는 의미이다. 「누구에게 말이 되느냐」는 make sense to sb라고 하면 된다.

Point

Does it make any sense? 그게 말이 되기나 해?
It makes sense to me 난 이해가 돼
That makes sense 그거 말이 되네

SPEAK LIKE THIS

● 걔의 이상한 행동(strange behavior)은 이해가 되지 않는다고 할 때
His strange behavior doesn't make sense.

● 이 기사(this article)가 너한테는 말이 되냐고 물어볼 때
Does this article make sense to you?

A: **What do you think about his excuse?**

B: **It makes sense to me.**

A: 그 사람이 한 변명에 대해 어떻게 생각해?
B: 나름대로 일리가 있는 걸.

be reasonable 이치에 맞다

A: **How much should I sell this computer for?** 이 컴퓨터를 얼마에 팔아야 될까?
B: **Be reasonable, it's not worth much.** 합리적으로 해. 그렇게 값어치있는 건 아니잖아.

A: **I want to sell my house for a million dollars.** 난 내 집을 백만 달러에 팔고 싶어.
B: **Be reasonable, it's not worth that much.** 정신차려, 그 정도 가치가 안되잖아.

get down to

…을 시작하다

써니쌤의 핵심강의

down은 동사에 붙어 「아래로」, 「단단히」, 「완전히」 등의 의미를 강조하는 기능이 있다. 그래서 get down to는 특히 「주의가 요망되는 일을 시작하다」(begin something that requires a lot of attention), 즉 to 이하의 일을 진지하게 혹은 많은 노력을 기울이며 「시작하다」라는 뜻이 된다.

Point

get down to work 일에 착수하다

SPEAK LIKE THIS
- 이제 일을 시작해야 할 때이다라고 할 때
  It's time to get down to business.

- 문제의 핵심(heart of~)에 집중해야 된다고 말할 때
  You need to get down to the heart of the matter.

A: We need to get down to work.

B: Just let me finish my lunch and we can start.

　　A: 본격적으로 일에 착수할 필요가 있겠어.
　　B: 점심 좀 마저 먹고나서 시작하면 돼.

get down to business 일에 본격적으로 착수하다, 본론으로 들어가다

A: Let's get down to business. 자 일을 시작합시다.
B: Great, let's start. 좋아, 시작하자구.

A: It's time to get down to business. 이제 본론으로 들어가자.
B: Fine, let's discuss the terms of the agreement. 좋아, 합의조건을 토의해보자.

talk sb into

설득해서 …하게 하다

써니쌤의 핵심강의 _____

sb에게 「말을 해서(talk) into를 하게 만들다」라는 뜻. 다시 말해서 주어가 sb를 「설득해서 into 이하를 하게 만들다」라는 뜻이다. 반대는 talk sb out of이며 into나 out of 다음에는 명사나 ~ing 형태가 오면 된다.

You talked me into it 네가 그거 하라고 했잖아

SPEAK LIKE THIS
- 그럼 나를 설득해서 그걸 하도록 하지 않을거야(be not going to)라고 물어볼 때
  ## So you're not going to try and talk me into it?

- 난 걔를 설득해서 여기에 남도록 했다고 할 때
  ## I talked him into staying here.

A: Is Rob lending us his car?
B: I can talk him into it.

　　A: 랍이 우리한테 차를 빌려줄까?
　　B: 내가 설득해서 그렇게 하도록 할 수 있어.

talk sb out of …을 설득해서 …하지 않도록 하다

A: Charlie says he's joining the army. 찰리는 자기가 군에 입대한다고 해.
B: Please talk him out of it. 설득해서 그러지 않도록 해.

A: I don't think Burt understands what we are studying.
　버트가 우리가 학습하는 것을 이해못하는 것 같아.
B: Maybe we should talk him out of the class.
　걜 설득해서 수업을 듣지 말도록 해야할 것 같아.

get into

…하기 시작하다, …에 빠지다

써니쌤의 핵심강의

만능동사 get의 위력을 다시 한번 느낄 수 있는 표현. 좀 어려워보이지만 get into~는 into 이하의 상태에 빠지거나, 휘말리거나, 규칙적으로 하다라는 등 다양한 의미로 쓰인다. 이런 표현은 여러 의미를 개별적으로 외우는 것도 좋지만 그 개념을 느끼고 문맥에 따라 이해하면 훨 빨리 습득할 수 있다.

Point

get into a fight 싸우다

SPEAK LIKE THIS

● 크리스와 정치에 관한 흥미있는 토론(interesting discussion~)을 나누었다고 말할 때

I got into an interesting discussion about politics with Chris.

● 그 소년들을 장난감 문제로 싸웠다고 할 때

The boys got into a fight over the toy.

A: I just found out that Betty got into an accident.

B: Good heavens!

A: 베티가 사고를 당했다는 사실을 방금 알았어.
B: 이런 세상에나!

be into …에 빠지다, 관심갖다, …을 하다

A: You have a lot of comic books. 너 정말 만화책 많다.

B: Yeah, I'm into animation. 어, 애니메이션에 관심이 엄청 많아.

A: Do you want to go to the new bar after work? 퇴근 후에 새로 생긴 바에 갈래?

B: I'm into it. 거 끌리는데.

make oneself clear
분명히 표현하다

써니쌤의 핵심강의

make가 사역동사로 쓰인 경우. 자기 자신(oneself)을 상대방에게 분명하게 하다, 즉 자기의 의견이나 의지를 상대방이 분명이 알아듣고 이해하도록 표현하는 것을 말한다.

Point

Do I make myself clear? 알아들었어?

SPEAK LIKE THIS

● 우리한테 네 의견을 분명히 말해보라고 할 때
Please make yourself clear to us.

● 면접동안에(during) 내 의견을 분명히 밝힐 수 없었다고 아쉬워할 때
I couldn't make myself clear during the interview.

A: Why did you ask to meet me?
B: I want to make myself clear.

A: 왜 나를 만나겠다는거야?
B: 내 의견을 분명히 하려고

make oneself understood 자신의 말을 상대방에게 이해시키다

A: Can he make himself understood in Chinese? 중국어는 좀 할 수 있나요?
B: No, not yet. 아뇨, 아직요.

A: I can't make myself understood in English. 난 영어로 내 의사를 표현할 수가 없어.
B: You'd better take some conversation classes. 회화강의를 좀 수강해봐.

get it

이해하다

써니쌤의 핵심강의

get it에서 get은 understand의 의미로 쓰인 경우로 I got it하면 "알았다.", "이해했다." I don't get it하면 "모르겠어"라는 말이 된다. 거의 기계적으로 외워두어야 한다. 또한 회화에서는 전화벨이나 초인종이 울릴 때 「전화를 받거나」, 「문을 열다」라는 의미로도 많이 쓰인다.

Point

I got it 알았어
I don't get it 이해가 안돼
You got it 알겠어. 맞았어
You got it? 알아들었어?

SPEAK LIKE THIS

● 잠시 후에(after a while), 넌 알게 될거야라고 말할 때
After a while you'll get it.

● 다 끝났어, 알겠냐고 물어볼 때
It's over, do you get it?

A: **What's wrong with you today?**
B: **I don't get it. This stuff is too hard.**

    A: 오늘 안좋은 일 있니?
    B: 이해가 잘 안돼. 이 일은 너무 어려워.

I'll get it[I got it] (전화) 내가 받을게, (초인종소리에) 내가 나가볼게

A: **Someone's at the door.** 누가 왔나봐.
B: **I'll get it.** 내가 나가볼게.

A: **I hear someone knocking.** 누가 노크하는데.
B: **Don't worry, I'll get it.** 걱정마, 내가 나가볼게.

get it done

끝내다

써니쌤의 핵심강의

get+목적어+pp의 구문의 대표적 표현. 주로 좀 「밀린 일을 서둘러 끝내다」라는 뉘앙스를 풍기는 표현으로 get it done, get that done을 통째로 외워두어야 한다. done 다음에는 끝내야 되는 시간 명사가 뒤따르게 된다.

Point

get it done 그걸 끝내다
get this job done 이 일을 끝내다
get this report done 이 보고서를 끝내다

SPEAK LIKE THIS

● 넌 이걸 금요일까지(by Friday) 끝내야 돼라고 할 때
You have to get this done by Friday.

● 난 오늘까지(by the end of the day) 끝내겠다고 할 때
I'll get it done by the end of the day.

A: Do you have to work this weekend?
B: Yeah. I have to get my project done by next Monday.

A: 이번 주말에 일해야 돼?
B: 어. 내가 맡은 프로젝트를 다음 주 월요일까지 마쳐야 돼

get one's hair cut 머리를 깎다

A: You look different today. 너 오늘 다르게 보인다.
B: I got my hair cut at the salon. 미장원에서 머리 잘랐어.

A: I really need to get my hair cut. 난 정말이지 머리깎아야 돼.
B: There's a barber in this shopping center. 이 쇼핑센터 안에 이발소가 있어.

No matter what S + V

···하는 있더라도

써니샘의 핵심강의

문법시간에 열공했던 표현 중의 하나. 양보를 뜻하는 것으로 일상생활에서도 무척 많이 쓰인다. No matter what~은 「무엇을 ···한다 해도」라는 뜻이며, what을 how, who 등으로 바꿔서 다양한 문장을 만들어 볼 수 있다.

Point

> **no matter what happens** 무슨 일이 일어나도
> **no matter what** 어쨌든(whatever)

SPEAK LIKE THIS

● 비용(cost)이 얼마들던지 우리는 계약을 따내(get the contract)야 한다고 할 때
We have to get the contract no matter what the cost is.

● 그들이 뭘 물어보더라도, 우리가 경제적으로 어렵다(be in financial trouble)는 얘기는 하지마는
No matter what they ask, don't tell them that we're in financial trouble.

A: I heard gossip that you cheated on me.
B: No matter what anyone says, I love you.

  A: 너 바람핀다는 소문을 들었어.
  B: 어느 누가 그런 얘기를 하든, 난 널 사랑해.

regardless of ···에 상관없이

A: Is Harry still quitting college? 해리가 아직도 대학을 그만둔대?
B: Yeah, he's doing it regardless of what his parents say.
어, 부모님이 뭐라든, 그렇게 한대.

A: This diamond ring is expensive. 이 다이아몬드 비싸.
B: I'm going to buy it, regardless of the cost. 가격과 상관없이 살거야.

use the Internet

인터넷을 이용하다

씨니쌤의 핵심강의

Internet 세상이니 인터넷에 관한 표현 몇 가지를 알아본다. 「인터넷에 접속하다」는 connect to the Internet, 혹은 get connected to the Internet 아니면 get online이라고 하면 된다. 인터넷에서 사람을 만나거나 사이트를 찾거나 뭐가 찾는다고 할 때는 ~ on the Internet이라고 하면 된다.

Point

get on the Internet 인터넷에 접속하다
get online 온라인 접속하다
log on to the Internet 인터넷에 접속하다
meet sb on the Internet …을 인터넷에서 만나다
look at a site on the Internet 인터넷에서 사이트를 보다
find sth on the Internet 인터넷에서 …찾다
shut off the computer 컴퓨터를 끄다

SPEAK LIKE THIS

● 너 이것 좀 봐야 돼(have got to~). 나 이거 인터넷에서 찾은거야라고 할 때
You got to see this. I found it on the Internet.

● 인터넷에서 만난 사람들을 믿어서는(trust) 안된다고 조언할 때
You can't trust people you meet on the Internet.

A: Are you done with the Internet? 컴퓨터 다 썼어?
B: Yeah, you can shut off the computer. 어, 컴퓨터 꺼도 돼.

browse the internet 인터넷을 검색하다(surf the Internet이라고 해도 된다)
A: What were you doing in the office? 사무실에서 뭐하고 있었어?
B: I was just browsing the Internet. 인터넷을 검색하고 있었어.

search the internet 인터넷에서 검색하다(do research on the Internet이라고 해도 같은 의미)
A: I need some information. 난 정보가 좀 필요해.
B: Why not search the Internet? 인터넷 검색해봐.

have an accident
사고가 나다

써니쌤의 핵심강의

살다 이런 일이 없으면 오죽 좋으랴마는 어디 현실이 그렇게 너그러운가 ㅠㅠ. 교통사고 등이나 재해 등 뭔가 안좋은 일이 일어났을 때 하는 말이다. 또한 우리말에서 남녀가 사고친다고 말하듯이 영어에서도 accident는 「뜻하지 않은 임신」을 뜻하기도 한다.

Point

car accident 자동차사고
It was an accident 그건 사고였어

SPEAK LIKE THIS

● 줄리가 자동차 사고로 부상을 당했다(be injured)고 말할 때
   I heard that Julie was injured in a car accident.

● 야, 자동차 사고 나본 적(have you ever~) 있어라고 물어볼 때
   Hey, have you ever had a car accident before?

A: Dad, what causes car accidents?
B: That is when someone drives badly.

   A: 아빠, 차사고는 뭐때문에 일어나요?
   B: 사람들이 운전을 잘못할 때 일어나.

get[be] in an accident 사고를 당하다

A: Marie got into an accident this morning. 메리는 오늘 아침에 사고를 당했어.
B: I hope she wasn't injured. 다치지 않기를 바래.

A: What happened to your car? 네 차 어떻게 된거야?
B: I got in an accident last week. 지난 주에 교통사고났어.

look young for one's age
나이에 비해 젊어보이다

써니샘의 핵심강의 _____

나이와 얼굴의 상식적 비례관계가 깨진 현재 얼굴을 보고 나이를 짐작하는게 힘들어졌고 또한 나이를 들었을 때 놀라는 경우가 많아졌다. 그만큼 나이에 비해 얼굴이 늙지 않기 때문이다. 이럴 때 쓸 수 있는 표현이 바로 look young for one's age라고 한다. 반대는 look old for one's age.

Point

look young 젊어보이다
look old for one's age 실제 나이보다 늙어보이다

SPEAK LIKE THIS

- 그 여배우(actress)는 나이에 비해 젊어보인다라고 할 때
  The actress looks young for her age.

- 난 나이가 들었을 때(when I'm old), 젊어보이기를 바란다고 할 때
  I hope to look young for my age when I'm old.

A: Is Perry a teenager?

B: No, he looks young for his age.

  A: 페리가 10대야?
  B: 아니, 걘 나이에 비해 젊어보여.

get **more**

have a baby face 동안이다, 젊어보이다

A: Jamie always looks youthful. 제이미는 언제나 소녀같아.

B: Well, she has a baby face. 어, 걘 동안이야.

while[when] I was young 젊었을 때

A: Did you have any hobbies as a child? 어렸을 때 뭐 취미같은 거 있었어?

B: I would play the violin when I was young. 젊었을 때 바이올린을 켜곤 했어.

run a business

사업하다

써니쌤의 핵심강의 ─────────────

run a business에서 business는 거래가 아니라 사업체를 말하는 것으로 「사업체를 운영하다」라는 뜻이다. 좀 더 구체적으로 말하려면 run one's own business라 하면 된다.

Point

run a store 가게를 운영하다
run one's own business 자기 사업을 하다
work for oneself 사업하다
do business with …와 비즈니스를 하다, 거래하다

Speak Like This

● 제이슨은 세인트루이스에서 가게를 하고 있다라고 할 때
  Jason runs a store in St. Louis.

● 이건 사업을 운영하는데 정말 안좋은 방법(terrible way)이야라고 할 때
  This is a terrible way to run a business.

A: What do you do for a living?
B: I run a small mom-and-pop business in Los Angeles.
  A: 직업이 뭐예요?
  B: 로스앤젤레스에서 조그마한 구멍가게를 운영해요

start one's own business 자기 사업을 하다
A: Do you have any plans for the future? 장래 계획이 뭐 있어?
B: I'd like to start my own business. 내 사업을 시작하고 싶어.

go out of business 파산하다
A: Wasn't there a grocery store around here? 여기 주변에 식료품점 있지 않았어?
B: It went out of business last month. 지난달에 문닫았어.

can't afford to

…할 여유가 없다

써니쌤의 핵심강의

주로 …할 구입할 여유가 있다. 없다고 할 때는 can[can't] afford+명사[to+동사]의 형태로 쓴다. 물론 꼭 경제적인 게 아니라 정신적으로 여유가 있다[없다]라고 할 때도 쓰인다.

Point

I can't afford it 나 그럴 여력이 안돼

SPEAK LIKE THIS

● 나 다음 달에 스키여행 갈(go on the ski trip) 여유가 안된다고 할 때
I **can't afford to** go on the ski trip next month.

● 넌 저 다이아몬드를 살 여력이 안된다고 할 때
You **can't afford to** buy those diamonds.

A: Let's buy a new big screen TV.

B: Will you stop? We **can't afford** that!

A: 대형TV 신제품을 사자.
B: 그만 좀 해라. 우린 그럴 여유가 안돼!

Can you afford to+V? …할 여유가 돼?

A: I want to travel through Europe. 난 유럽일주 여행을 하고 싶어.
B: **Can you afford to** make that trip? 그 여행을 할 여유가 돼?

spend +money (in) ~ing …하는데 돈을 쓰다

A: Why are you always so broke? 넌 왜 항상 돈이 없어?
B: I **spend all of my money** gambling. 도박하는데 돈을 다 쓰거든.

be available

이용할 수 있는, 시간이 되는

써니쌤의 핵심강의

사물이 available한다고 할 때는 이용할 수 있거나, 쓸모있는, 그리고 사람이 available하다고 할 때는 「시간을 내어 …을 할 수 있다」 「시간이 있어 약속이 가능하다」라는 의미로 쓰인다. 살짝 어려워 보이지만 아래 예를 보면서 특히 사람이 available하다는 용법에 익숙해지도록 한다.

Point

Who is available now? 누가 손이 비나요?
Is sb available? sb가 지금 있나요?
be available Monday 월요일에 시간이 되다
Are you available tonight? 오늘 저녁 시간 돼?

SPEAK LIKE THIS

● 크리스가 가능하다면 그와 통화하고(speak with) 싶은데요라고 말하려면
I'd like to speak with Chris, if he is available.

● 피터가 지금 너를 공항에 데려다(take sb to~) 줄 수 있어라고 할 때
Peter is available to take you to the airport now.

A: When would you be available to start the job?
B: I could start as early as tomorrow if you like.

A: 언제 출근할 수 있으세요?
B: 원하신다면 내일부터라도 시작할 수 있어요.

get more

be used to+V …하는데 사용되다

A: What is this machine for? 이 기계는 무슨 용도로 쓰여?
B: It is used to measure blood pressure. 혈압을 잴 때 사용돼.

be able to …할 수 있다

A: Are you able to take a phone call right now? 지금 당장 전화를 받으실 수 있으신가요?
B: No, I'm busy with a client at the moment. 아니요. 지금은 손님 때문에 바빠요.

work on

…일을 하다

써니쌤의 핵심강의

work on 다음에는 사물이나 사람이 올 수 있다. work on sth은 주의를 기울여서 아직 끝내지 못한 일을 하고 있다는 의미로 사물의 대상은 업무나 일 뿐만 아니라 음식물이 올 수도 있다. 또한 work on sb하게 되면 치료하다 혹은 「설득하다」라는 뜻. work on 다음 다양한 명사가 오지만 그렇다고 고지식하게 work on Christmas를 이 공식에 대입하려고 하면 안된다. 이는 그냥 work+on+시간명사로 「…에 일하다」라는 뜻이니 말이다.

Point

I'm working on it 아직 하고 있어
work on the coffee 커피 아직 마시고 있다
work on the homework 숙제를 하다

SPEAK LIKE THIS
- 하루종일(all day long) 그 일을 하고 있다고 말할 때
  I have been working on it all day long.

- 네가 하고 있는 보고서 마치려면(finish) 한 10가량 걸릴거야는
  It'll take you about ten minutes to finish the report you are working on.

A: I'm going to work on this stuff at home tonight.
B: If you have any problems give me a call.
<small>A: 오늘 밤 집에서 이 일을 할거야.   B: 문제가 생기면 나한테 전화해.</small>

---

work on sb 설득하다

A: Lisa needs to finish this report. 리사는 이 보고서를 끝내야 돼.
B: I'll work on her to get it done. 빨리 끝내라고 설득할게.

A: Connie says she won't help us. 커니는 우리를 돕지 않을거라고 그러네.
B: I'll work on her, and maybe she'll change her mind.
내가 설득하면 맘을 바꿀지도 몰라.

have ~ in mind

···을 염두에 두다

써니쌤의 핵심강의

주어가 뭔가 특별히 마음에 두고 있다라는 의미로 주로 의문문으로 많이 쓰인다. Do you have anything in mind?(뭐 특별히 생각해둔거 있어?) 경우처럼 말이다. 또한 have~ in mind는 「···을 기억하고 있다」는 단순한 뜻으로도 쓰인다.

Point

Do you have anything in mind? 뭐 특별히 생각해둔거 있어?
What do you have in mind? 생각해둔게 뭐야?

SPEAK LIKE THIS
- 걔는 아주 중요한(important) 프로젝트를 마음에 두고 있다라고 할 때
  She had an important project in mind.

- 너한테 딱 맞는(work perfectly for) 아이디어가 하나를 염두에 두고 있다고 할 때
  I have an idea in mind that will work perfectly for you.

A: I have a present in mind for Grandma.
B: Really? Tell me about it.
    A: 할머니 드릴 선물을 염두에 두고 있어.
    B: 정말? 뭔지 말해봐.

get more

keep ~in mind 명심하다(Let's keep in mind (that) S+V 명심해두자)

A: I haven't saved any money. 난 돈을 전혀 저축하지 않았어.
B: You'd better keep your retirement in mind. 너 퇴직을 명심해두는게 나을거야.

A: A lot of people don't like your attitude. 많은 사람들이 네 태도를 좋아하지 않아.
B: Thanks for telling me, I'll keep that in mind. 얘기해줘서 고마워, 명심할게.

1
A: There is a slight problem, Bill.
B: What is the matter?
A: I won't be able to _____ _____ to the presentation.
B: That's okay. I'll take notes for you.

A: 문제가 좀 생겼어, 빌.
B: 뭔데?
A: 발표회에 가지 못할 것 같아.
B: 걱정마. 내가 대신 노트해 줄게.

2
A: I've been trying to get a hold of Jerry all day, is he in yet?
B: He just stepped in.
A: May I speak to him?
B: I'll _____ you through right away.

A: 하루 종일 제리와 통화하려고 했는데, 이젠 계신가요?
B: 방금 들어오셨어요.
A: 통화할 수 있을까요?
B: 바로 바꿔드리죠.

3
A: Hello, I'm John Michaels from the planning department.
B: Hi, I'm Donald Johnson.
A: Okay, let's _____ _____ to business.
B: Where should we begin?

A: 안녕하세요, 기획 부서의 존 마이클스입니다.
B: 안녕하세요, 도날드 존슨입니다.
A: 자, 일을 시작합시다.
B: 어디부터 시작해야죠?

4
A: Did you want to see me in your office?
B: Yes, where is the report I asked you to do?
A: I'm still working _____ it.
B: Please _____ it done by the afternoon.

A: 제가 사무실로 갈까요?
B: 그래요, 내가 부탁한 보고서는 어디 있나요?
A: 아직 하고 있는데요.
B: 오후까지는 끝내주세요.

5
A: I really like this bike.
B: Then, what seems to be the problem?
A: I can't _____ to buy it.
B: Why don't you _____ for a store credit card?

A: 이 자전거 정말 맘에 드네요.
B: 그렇담 뭐가 문제죠?
A: 이걸 살만한 여유가 없어요.
B: 저희 상점 제휴 신용카드를 신청해 보세요.

6 A: That doesn't seem to be too complicated.

B: Just remember, nothing is as simple as it seems.

A: I'll _____ that in mind.

B: Good luck on the project.

A: 그게 그렇게 복잡한 것 같지는 않아.

B: 아무리 간단하게 보이는 일도 쉽지 않다는 것만 기억해.

A: 명심할게.

B: 그 프로젝트가 잘 되길 바래.

7 A: Do you know what kind of apartment is _____?

B: It's a two bedroom.

A: When is it _____?

B: December first.

A: 아파트 어떻게 나와 있습니까?

B: 침실 2개 짜리요.

A: 언제 들어갈 수 있는데요?

B: 12월 1일에요.

8 A: Can I help you, sir?

B: I'd like to _____ _____ an appointment for next week.

A: Monday is still open.

B: Great. I'll come at ten thirty if that's okay.

A: 무슨 일이시죠, 선생님?

B: 다음 주로 예약을 하고 싶은데요.

A: 월요일은 아직 가능합니다.

B: 좋습니다. 괜찮다면 10시 반에 오겠습니다.

Answers

1. make it (to) …에 오다, 도착하다   2. put (sb through) …의 전화를 바꿔[돌려]주다   3. get down (to business) 일을 착수하다, 본론에 들어가다   4. (work) on …의 일을 하다, get (it done) 일을 끝내다
5. (can't) afford (to) …할 여유가 있다, apply (for) 신청하다   6. keep (that in mind) 명심하다
7. (be) available, (be) available 이용이 가능하다   8. set up (an appointment) 예약을 잡다

더 알아두면 좋은 영어회화 핵심표현들

Chapter 1~7에서는 아쉽게 제외되었지만 그래도 더 알아두면 네이티브와 회화를 하는데 도움이 되는 기본표현들을 추가로 수록하여 여러분의 영어회화기본을 다질 수 있도록 하였다.

save face 체면을 살리다

A: Cindy was very embarrassed by the problem. 신디는 그 문제로 엄청 당황했어.
B: She's trying to save face now. 걘 이제 체면을 살리려고 하고 있어.

in some respect 어떤 면에서는

A: Are dogs intelligent? 개들이 똑똑해?
B: In some respects they are very smart. 어떤 면에서는 스마트하지.

get even with 복수하다, 앙갚음하다(get back at)

A: Teresa just insulted you. 테레사가 널 모욕했어.
B: Did she? I'll get even with her! 걔가? 복수할거야!

have company 일행이 있다

A: Why are you cleaning your house? 왜 집을 치우고 그래?
B: We're having company this weekend. 이번 주말에 손님이 와.

in advance 미리, 사전에

A: Can I pay for this food after I eat? 식사 후 계산해도 되죠?
B: No, you've got to pay in advance. 아뇨, 선불로 내셔야 돼요.

give away 처분하다

A: I gave away my MP3 player. 내 MP3 플레이어를 처분했어.
B: I thought you used that a lot. 너 그거 많이 사용했지.

get sth straight 바로잡다

A: How about a date with me? 나랑 데이트 어때?
B: Let's get this straight, I don't like you. 이거 분명히 해두자, 난 네가 싫어.

fail to 실패하다, …하지 못하다

A: Were the people rescued from the house fire? 그 불난 집에서 사람들은 구조됐어?
B: No, the firemen failed to get to them. 아니, 소방관들이 구하는데 실패했어.

in return for …의 답례로

A: I really like your purse. 네 지갑 정말 맘에 든다.
B: I'll give it to you in return for your backpack. 네 배낭을 주면 이거 너한테 줄게.

give a lesson 수업을 하다, 가르치다

A: The teacher is about to give a lesson. 선생님이 수업을 시작하려고 해.
B: Okay, I guess we should pay attention. 알았어. 집중해야겠다.

in the future 앞으로

A: We've had very little money this year. 금년에 돈이 정말 없었어.
B: In the future, we'll become wealthy. 앞으로는 부유해질거야.

in the middle of …하는 도중에

A: When did the car break down? 언제 차가 고장난거야?
B: It broke down in the middle of our trip. 여행 중에 퍼졌어.

in the meantime 그러는 사이에

A: The office will be closed until 1 pm. 사무실은 오후 1시까지 문닫을거야.
B: In the meantime, we can get some lunch. 그러는 사이에, 점심 좀 먹자.

know better than to …할 정도로 어리석지 않다

A: Kyle hit me in the mouth! 카일이 내 입을 쳤어!
B: You know better than to make him angry. 너 걔 화나게 할 정도로 어리석지 않잖아.

learn a lesson 교훈을 얻다

A: I lost a lot of money on the stock market. 주식하다가 돈을 많이 까먹었어.
B: I hope you learned a lesson about investing. 투자에 대한 교훈을 얻었기를 바래.

310

leave out 제외하다(omit)

A: This report is too long. 이 보고서는 너무 길어.
B: Okay, let's leave out a few things. 알았어. 몇가지는 빼자.

on one's own 혼자 힘으로

A: Does John have a roommate? 존은 룸메이트가 있어?
B: No, he lives on his own. 아니. 혼자 살아.

on purpose 일부러, 고의로

A: Jeff just broke my glasses. 제프는 내 안경을 깼어.
B: I think he did it on purpose. 걔가 일부러 그런 것 같은데.

once and for all 마침내, 완전히

A: Why did you give your ex-wife so much money? 왜 전처에게 그렇게 많은 돈을 준거야?
B: I wanted to finish with her once and for all. 전처와 완전히 끝내고 싶었어.

pay attention to 주의하다

A: Pay attention to these items. 이 물건들 주의해.
B: Why? Are they important? 왜? 중요한거야?

put it 표현하다(express)

A: Do you think I'm a liar? 내가 거짓말쟁이 같아?
B: No, I wouldn't put it that way. 아니. 난 그렇게 말하지 않잖아.

run errands 심부름가다

A: Is Joel at home now? 조엘이 지금 집에 있어요?
B: I think he had to run some errands. 심부름 좀 보낸 것 같은데.

save time 시간을 절약하다

A: You can take this office work home. 이 일 집에 가져가도 돼.
B: It will save time if I do it here. 여기서 하면 시간을 절약할 수 있을거야.

say nice things about 좋은 이야기를 하다

A: I heard you met one of my school teachers. 내 학교 선생님 중 한 분을 만났다며.
B: Yes, and she said nice things about you. 어, 너 얘기 좋게 해주시더라.

send away for 우편주문을 하다

A: Let's buy a new video game. 새로운 비디오 게임을 사자.
B: Sure, we can send away for one. 그래, 하나 주문을 하자.

settle down 자리를 잡다, 정착하다

A: What are your plans for the future? 장래 계획이 뭐야?
B: I'd like to settle down in Busan. 부산에 정착하고 싶어.

stand out 돋보이다

A: Katie stands out as one of our best workers. 케이티는 우수근로자 중의 하나로 뛰어나.
B: I'll bet she gets a high salary. 급여를 많이 받겠네.

take a guess 짐작하다

A: Take a guess where I'm going. 내가 어디가는지 짐작해봐.
B: Are you planning to visit Japan? 일본에 갈 계획이야?

take a (deep) breath 호흡하다

A: Oh my God, I'm so nervous. 맙소사, 너무 초조해.
B: Take a deep breath and try to relax. 심호흡하고 긴장을 풀어.

take a picture 사진을 찍다

A: Could you take a picture of my friend and I? 내 친구와 나의 사진을 찍어줄래요?
B: Sure, stand together and smile. 물론, 같이 서서 웃어요.

take a tour 둘러보다, 구경하다

A: I'd like to take a tour of Cheju Island. 제주도를 둘러보고 싶어.
B: We can ask Mr. Kim to be our guide. 김 선생에게 가이드 해달라고 하자.

take advantage of 이용하다

A: All of our notebook computers are on sale. 저희 노트북 컴퓨터 전부 다 세일해요.
B: I should take advantage of the low prices. 가격이 쌀 때 사야 되겠네.

inform A of B …에게 …을 알리다

A: I'm sorry, but Mrs. Paulson just died. 유감입니다만, 폴슨 부인께서는 방금 돌아가셨어요.
B: I'd better inform her husband of her death. 남편께 사망소식을 알려야겠네요.

come true 실현이 되다

A: I've always wanted to be a fashion designer. 난 늘 패션디자이너가 되고 싶었어.
B: I hope your dream will come true. 네 꿈이 실현되기를 바래.

be suitable for …에 적절하다, …에 알맞다

A: This jacket is not in good condition. 이 재킷은 상태가 안좋은데.
B: Yeah, but it's suitable for working outdoors. 그래, 하지만 실외에서 일할 때 좋지.

care for …을 좋아하다

A: Willie and Sheila spend a lot of time together. 윌리와 쉴라는 함께 시간을 많이 보내.
B: I think they care for each other. 서로 좋아하는 것 같아.

point out 지적하다

A: What did Jim say to you? 짐이 네게 뭐라고 했어?
B: He wanted to point out some important details. 좀 중요한 세부사항을 언급하고 싶었었대.

in person 직접

A: Is the president going to call us? 사장님이 우리에게 전화할까?
B: No, he's coming here in person. 아니, 직접 이리로 오실거야.

get close to …에 근접하다

A: There are cops surrounding the area. 그 지역 주변에 경찰들이 있어.
B: I know. I couldn't get close to the crime scene. 알아. 범죄현장에 가까이 가지 못하겠구나.

most of the time 대개, 주로

A: What do you do on the weekends? 주말에는 뭐해?
B: Most of the time I just sleep. 주로 자.

make much of 중요시하다

A: Larry claims that he saw a ghost. 래리는 유령을 봤다고 주장해.
B: I don't make much of what he says. 난 걔가 하는 말은 주로 무시해.

insist on 주장하다

A: Sir, don't you like your hotel room? 선생님, 호텔 방이 맘에 안드세요?
B: No, and I insist on getting a nicer room. 네, 더 좋은 방으로 해주세요.

need rest 휴식이 필요하다

A: I want to go to bed. I feel tired. 자고 싶어. 피곤해.
B: That's a good plan. We need rest. 좋은 생각이야. 우린 쉬어야 돼.

look good 보기 좋다

A: You don't look good these days. 너 요즘 보기에 안좋아.
B: Yeah, I've been sick a lot. 어, 많이 아팠어.

sing a song 노래를 부르다

A: Everyone wants you to sing a song. 모두들 네가 노래부르기를 원해.
B: I'm not going to sing tonight. 난 오늘밤 노래부르지 않을거야.

this way 이쪽으로

A: There is a car coming this way. 이쪽으로 오는 차가 있어.
B: I think that is my brother. 내 형같은데.

feel lucky about 운좋게 생각하다

A: How interesting you met your girlfriend online. 온라인으로 여친을 만나다니 참 재미있다.
B: Yeah, I feel lucky about that. 그래. 난 운이 좋았다고 생각해.

314

be afraid of 걱정하다, 무서워하다

A: I'm afraid of the dog in my neighbor's yard. 내 이웃집 마당에 있는 개가 무서워.
B: It looks very big, and I think it's angry too. 매우 커보이고 내 생각에 화난 것 같은데.

hurt oneself 다치다

A: Why don't you try mountain climbing? 등산을 해봐.
B: I would be afraid I'd hurt myself. 다칠까봐 무서워.

find different hobbies 다른 취미를 찾다

A: Don't be afraid to do something new. 새로운 것을 하는 걸 두려워하지마.
B: I would like to find different hobbies. 다른 취미를 찾고 싶어.

go overseas 해외로 가다

A: They are excited about going overseas. 걔네들은 해외로 가는 거에 들떠있어.
B: I think it will be a fun trip. 재미있는 여행이 될 것 같아.

be thrilled to …해서 기쁘다, 매우 좋다

A: I am thrilled to meet you. 너를 만나서 너무 좋아.
B: Well, it is nice to meet you too. 어, 나도 만나서 반가웠어.

have a class 수업이 있다

A: Are you done with your classes? 수업 다 끝났어?
B: No, I have another class tonight. 아니, 밤에 다른 수업이 있어.

give sb a gift …에게 선물을 주다

A: I'm worried about giving her a gift. 걔한테 선물주는 걸로 걱정이야.
B: It's okay to give her something simple. 뭐 간단한 걸로 주면 될거야.

hear sb say …가 말하는 것을 듣다

A: I heard Kim say you cheated. 난 킴이 네가 바람폈다고 말하는 것을 들었어.
B: Is that what she said? 걔가 그렇게 말했다고?

sit back 편안히 앉다

A: Is there something we can help with? 우리가 뭐 도울게 있어?
B: No, just sit back and relax. 아니, 그냥 편히 앉아서 쉬고 있어.

love ~ing …하는 것을 좋아하다

A: This was the first time I visited a beach. 해변에 온게 이번이 처음이야.
B: Really? I just love coming to see the ocean. 정말? 난 바다를 보러 오는게 좋아.

many times 여러 번

A: Is this your first time to meet a movie star? 영화배우를 만난게 이번이 처음이야?
B: No, I've met famous people many times. 아니, 유명인을 여러 번 만났었어.

have a great time 좋은 시간을 보내다

A: Is this your first time to visit England? 영국에 처음 온거야?
B: Yes, and I'm having a great time. 어, 아주 좋은 시간을 보내고 있어.

fix cell phones 핸드폰을 수리하다

A: Do you know any guys who fix cell phones? 핸드폰을 수리할 줄 아는 사람있어?
B: Why? Is your phone broken again? 왜? 네 핸드폰이 또 망가졌어?

study~ in college 대학에서 공부하다

A: Do you know anything about chemistry? 너 화학에 대해 뭐 좀 알아?
B: Yes, I studied chemistry in college. 어, 대학에서 화학을 공부했어

major in 전공하다

A: What did you study in school? 학교에서 뭐를 공부했어?
B: I majored in Spanish. 스페인어 전공했어

be ~ stories high …층 건물이다

A: Do you know how tall that building is? 저 빌딩이 몇층인지 알아?
B: I think it's 63 stories high. 63층일거야.

stay at home 집에 머물다

A: Dan is the best athlete I have ever seen. 댄은 내가 본 최고의 선수야.

B: He prefers exercising rather than staying at home. 집에 있기보다는 운동하는 것을 좋아해.

do some work 일을 좀 하다

A: Go do some work on your school project. 학교 프로젝트를 가서 좀 해라.

B: I will. It's almost finished now. 그래요. 이제 거의 다 끝났어요.

put sth on …을 놓다

A: What did you do with my history book? 내 역사책 어떻게 했어?

B: I put it on the shelf above the desk. 책상 위 책장에 올려놨어.

be from …출신이다, …에서 나오다

A: Where is this vase from? 이 꽃병 어디서 난거야?

B: I bought it when I was in Israel. 내가 이스라엘에 있을 때 산거야.

help+V …하는데 도움이 되다

A: I can help find your cat. 네 고양이 찾는데 도움이 될 수 있을거야.

B: Thanks. I don't know where she is. 고마워. 어디에 있는지 모르겠어.

book one's ticket 표를 예매하다

A: Thank you for booking my ticket. 내 표를 예매해줘서 고마워.

B: If you need more tickets, call me anytime. 티켓이 더 필요하면 언제든지 전화해.

look around 둘러보다

A: If you find her ring, let her know. 걔 반지를 찾으면 걔한테 알려줘.

B: Okay, I'll look around for it. 알았어. 둘러볼게.

as well as …에 더하여, 게다가

A: Which one of these phones do you want to buy? 이 폰들 중에서 어떤 것을 살거야?

B: I'll take the silver one, as well as the black one. 검은 색에다 은색 폰도 살거야.

might as well ···하는 편이 낫다

A: He might as well pack up his things now. 걔는 이제 자기 물건들을 꾸리는게 나을거야.
B: Why do you say that? 왜 그렇게 말하는거야?

will do ···로 족하다

A: Do you want a particular kind of car? 원하시는 특별한 차종이라도 있으십니까?
B: No, I think any car will do. 아뇨, 아무거나 괜찮아요.

get a discount 할인받다

A: Did you get a discount? 할인은 받았니?
B: Yeah, she gave me 20% off. 응, 20% 깎아주더라.

call in sick 아파서 결근[결석]한다고 전화하다

A: Where's Bill today? 오늘 빌은 어디있니?
B: He came down with a cold and called in sick. 그 친구 감기에 걸려서 병가냈어.

speak well of 칭찬하다, 좋게 말하다

A: They certainly speak well of him there. 거기선 그 남자에 대해 좋게 이야기 하는 게 분명해.
B: That's because he did a great job for them. 그 친구가 거기에서 일을 아주 잘 해줬거든.

make sb feel ···가 ···하게 느끼게 하다

A: Don't you worry. I'm on your side. 걱정하지마. 난 네 편이야.
B: That makes me feel a little better. 그 얘기 들으니깐 기분이 좀더 나아지는데.

set a new record 새로운 기록을 세우다

A: They set a new record in the sales department this month. 이번 달에 판매부에서 신기록을 세웠어.
B: That must be good news for you. 너한테는 아주 좋은 소식이네.

wait and see 지켜보다

A: What do you want to do about it? 그 일에 대해 어떻게 하고 싶으니?
B: Let's just wait and see what happens. 어떻게 되는지 일단 두고보자.